W0395603

Paris
100 jardins insolites
et 100 restaurants dans la verdure

à Luce Ramière de Fortanier
et Ghislaine Richard-Vitton

Mes remerciement vont à tous ceux qui m'ont aidée à la réalisation de cet ouvrage :
Olivier Autret, Louis Bénéch, Anne Bergounioux, Éric Berlouin, Bernard Duval,
Philippe Bourget, Régis Busschaert, Sylvie Chatard, Philippe Cheval,
Gérard Chopinet, Patrick Coulon, Thierry Frerebeau, Claude Frison, Isabelle Gayraud,
Christophe Grunewald, Clarisse Guyonnet, Annette Huard, Joël Humbert,
Isabelle Lévèque, Jean-Luc Janicot, Jean-Louis Arenou, Gwenaelle Joffre,
Geneviève Leproust, Noël Lotton, David Mangin, Roseline Manière, Anne-
Marie Noblet, Luc Robillat, Catherine Roques, Sylvie Depondt et Alain Woisson.
Ainsi qu'à Lina de Chivré-Dumond, Denis Hermite
et Ghislaine Richard-Vitton pour leurs patientes relectures.

© Christine Bonneton éditeur, mars 2012
35, rue du Pré-la-Reine, 63028 Clermont-Ferrand Cedex 2
EAN : 978-2-86253-497-8

Martine Dumond
avec la participation de Claudine Hourcadette
et Sophie Marguerite

Paris
100 jardins insolites
et 100 restaurants dans la verdure

4e édition revue et corrigée

Christine
Bonneton

Sommaire

1er & 2e arrondissements

L'arbre aux voyelles
Jardin des Tuileries 14

Hélas le canon s'est tu
Jardin du Palais Royal 16

3e & 4e arrondissements

Le potager des oiseaux
Jardin partagé 18
Marché des Enfants Rouges 19
Square du Temple 19

L'invisible rossignol de Heinz
Square Georges-Caïn 21

Le marronnier d'Anne Franck
Jardin Anne Franck 22

Jardins d'hôtels particuliers
Jardin de l'hôtel
Saint-Gilles-Grand-Veneur 26
Jardin de l'hôtel de Marle 27
Jardin des hôtels d'Albret
et de Coulanges 27
Jardin de l'hôtel Carnavalet 29
Jardin de l'hôtel d'Aumont 30
Square Marie Trintignant 30
Jardin de l'hôtel de Sens 31

Le clos dédié à une princesse
Clos des Blancs-Manteaux
ou Princesse Diana 32
Le mur végétal du BHV Homme 33

5e arrondissement

Un jardin tissé comme une tapisserie
Jardin médiéval
du musée de Cluny 34

Le plus vieil arbre de Paris
Square René-Viviani 36

Les Alpes à Paris
Jardin alpin du jardin
des Plantes 37

Hispano-mauresque
Les jardins
de la mosquée de Paris 40

Ave Marcellus !
Square des Arènes de Lutèce
et square René-Capitan 42

Un musée de sculptures contemporaines en plein air
Jardin Tino-Rossi 44

Carrément simple
Jardin du musée de l'Assistance publique 45

6e arrondissement

Une vigne au cœur de Saint-Germain-des-Prés
Square Félix-Desruelles 46
Un Picasso à vous faire perdre la tête, square Laurent-Prache 46

Mur vert et blue jean
Mur végétalisé de la boutique Marithé et François Girbaud 47

Des pommes, des poires et des pêches
Verger du jardin du Luxembourg 49

Le jardin de Zadkine
Jardin du musée Zadkine 52

Des jardins pour étudiants
Jardin botanique de la faculté de Pharmacie 53
Jardin de l'École normale supérieure 53
Jardin de la Fondation nationale des Sciences Politiques 56
Cour du Murier de l'École nationale des Beaux-Arts 56

7e arrondissement

L'œuvre singulière d'un artiste japonais
Jardin de l'Unesco 58

Le très contesté mur de la Paix
Parc du Champ-de-Mars 60

Les jardins cachés de l'église évangélique
Jardin de l'église évangélique luthérienne (Saint-Jean) 62

Parterres et jardin en l'air
Jardins du musée du Quai Branly (Arts premiers) 63

Plantes bibliques pour un presbytère
Jardin du presbytère de l'église Saint-François-Xavier.................. 66

Petit coin de bonheur au bout de l'impasse
Square Récamier.......................... 67

De l'exotisme dans le quotidien
Square Boucicaut........................ 68
Square des Missions étrangères 70
Jardin privé des Missions étrangères .. 70

Le charme discret d'un jardin de couvent
Jardin Catherine-Labouré 71

L'odeur de la papaye verte
Le jardin du cinéma La Pagode... 73
Le jardin du musée Rodin 73

8e arrondissement

Où Garnerin inventa le parachutisme
Parc Monceau 74

Un jardin qui va droit au ciel
Jardin vertical du Pershing Hall Hôtel 79

Pas laid du tout
Jardin du musée du Petit Palais 80

La vallée suisse
Jardins des Champs-élysées 82

Une halte de verdure près de l'Étoile
Jardin de l'hôtel Salomon de Rothschild 84

Un jardin qui a pris des couleurs
Square Louis XVI 85

Un jardin de curé
Jardin du presbytère de l'église Saint-Philippe-du-Roule 87
Un mur qui se végétalise 87

9e arrondissement

Sous le signe de la Sainte-Trinité
Square d'Estienne-d'Orves 88

Sous les fenêtres de Monsieur le Maire
Jardin de la mairie du 9e 89

La vigne des pompiers
Vigne de la caserne des pompiers de la rue Blanche 91

Un jardin si romantique
Jardin du musée de la Vie romantique 93

Le petit square des Catherinettes
Square Montholon 94

10e arrondissement

Pour ne pas entendre siffler le train
Square Villemin 95

Ma cabane à l'hôpital
Jardins de l'hôpital Saint-Louis ... 97

Un jardin vertical pour la Garde Républicaine
Mur végétalisé de la caserne de la Nouvelle France 99

11e arrondissement

À la bonne heure !
Jardin émile-Gallé 100

Lorsqu'un jardin caché en cache un autre
Jardin du docteur Belhomme.... 102

Jardin nomade Saint-Bernard
Jardin partagé 103

12e arrondissement

Jetez l'ancre
Jardin du bassin de l'Arsenal..... 104

Le jardin le plus long : 4,5 km
Promenade plantée 106

Une baleine échouée
Square Saint-Éloi 108

Jardiner avec Aligresse
Jardin partagé Aligresse 109

La symbolique des parterres
Parc de Bercy 110

La « rain forest »
Jardin tropical « Météor » 115

Un catalogue de fleurs exceptionnel
Parc floral de Paris..................... 116

Le jardin clos du Centre bouddhique
Jardin du Centre bouddhique du bois de Vincennes 118

Souvenirs coloniaux au bois de Vincennes
Jardin d'Agronomie tropicale 120

13e arrondissement

Quand un jardin raconte l'histoire des jardins
Square René-Le Gall 122

Embarquement pour une croisière
Square Joan-Miro........................ 125
Jardin du Moulin de la Pointe 125

Sous les grands arbres de la Salpétrière
Jardin de l'hôpital de la Salpétrière 126

La forêt inaccessible de la bibliothèque
Jardin de la Très Grande Bibliothèque F. Mitterrand........ 127

14e arrondissement

Méridien, mire et monument d'Arago
Parc Montsouris 128

Deux aqueducs pour un jardin
Jardin de la ZAC Alésia-Montsouris 130

Un jardin en toute simplicité
Jardin de la Fondation Cartier pour l'art contemporain 131

Un coin secret qui ne demande qu'à le rester
Cloître de l'ancienne abbaye de Port-Royal 133

Le jardin où l'on cultive les bonnes idées
Jardin du Moulin-des-Trois-Cornets 134
Jardin de la Zac Didot 135

Paquebot ou côte atlantique ?
Jardin Atlantique 136

15e arrondissement

Où l'on n'achève plus les chevaux
Parc Georges-Brassens 138

Un petit coin de Russie
Jardin de l'église Saint-Séraphin-de-Sarov 142

Un parc qui en fait voir de toutes les couleurs
Parc André-Citroën et jardin de l'Ilot des Trois Marches 145

Histoire d'eau
Allée des Cygnes 150

16e arrondissement

Le palmarium : une cathédrale de verdure
Serres d'Auteuil 151
Jardin des Poètes 154

Le pari fou de Bagatelle
Parc de Bagatelle 155

Un manège digne d'un musée
Jardin du Ranelagh 158

Puisque le train ne siffle plus
Petite ceinture 161

Quelques arbres remarquables (ou trop remarqués !)
Jardins du Trocadéro 162

Le jardin du panthéon bouddhique
Jardin japonais de l'annexe du musée national des Arts asiatiques 164

Un vignoble à la mairie du 16e
Jardin caché de la mairie du 16e 165

Une œuvre d'art évolutive
Jardin aux Habitants 168
Le jardin sauvage du Palais de Tokyo 169

Une avenue digne du grand Alphand
Jardins de l'avenue Foch 170

Le jardin de Séoul
Jardin d'Acclimatation 172

Théâtre au Pré-Catelan
Jardin Shakespeare 174

L'invasion des lapins malins
Jardin de la Porte Maillot.......... 176

17e arrondissement

Des vautours qu'on aimerait bien voir s'envoler
Square des Batignolles 177

Les jardins hauts de Malesherbes
Jardins des Hauts-de-Malesherbes 179

Sportivement écolo
Parc Martin Luther King 180
Jardin des Deux-Nèthes 181

Le square le plus secret
Square Ernest-Chausson 182
Cour Saint-Pierre 182

Le sauvageon du 18e
Jardin sauvage Saint-Vincent 183

18e arrondissement

Un mur murmurant d'amour
Square Jehan-Rictus 185

Le fabuleux destin d'un grenadier de Provence
Square Willette.......................... 187

La piquette de Montmartre
Clos Montmartre 189

19e arrondissement

Aux quatre vents
Jardins d'Eole............................ 190

Des petits coins de bonheur partagés
La charmante petite campagne urbaine 192
La serre à Légumes 193
Le potager Tanger-Maroc............ 193
Le jardin du P'tit bol d'air 193
Jardin partagé du square Petit....... 193

Dix jardins à thèmes
Parc de la Villette 196

Pourquoi Ève tourne-t-elle le dos ?
Square de la Butte-du-Chapeau-Rouge................... 198
Le quartier de la Mouzaïa 198

Page de droite, étrange végétation dans le jardin du Luxembourg.

Une bien étrange construction du 17e
Jardin du Regard-de-la-Lanterne 199

Falaises d'Étretat dans les faubourgs
Parc des Buttes-Chaumont 200

En mémoire du passé viticole
Vigne du talus Lardennois-Chaufournier 201

Le pavillon de la belle au bois dormant ?
Jardin Debrousse 203

20e arrondissement

Le pêcher mignon du curé
Jardin du presbytère de Saint-Germain-de-Charonne 205

Le square le plus charmant
Square des Grès 206

La plus longue fontaine de Paris
Parc de Belleville 207

Plus vrai que nature
Jardin Naturel 209

Index des restaurants cités 211
Index des jardins cités 218

Photographies

Agnès Bonneton, pages 62, 63, 64, 65, 126, 132
Agnès Taravella, pages 24-25
Audrey Cormeray, pages 67, 71
Bruno Mazodier, pages 14, 28, 47, 70, 74, 76-77, 89, 111, 128, 168, 171, 177, 197, 200
Claudine Hourcadette, pages 17, 20, 22, 23, 27, 33, 35, 43, 90, 92, 95, 98, 101, 119, 122, 124, 166, 167, 186, 187, 188, 189, 201, 201, 203, 204, 205, 206, 207, 208
Hélène Hatte, pages 32, 54, 106, 178
Isabelle Lévêque, pages 40, 120, 221
Jacques Béjot, pages 152, 153, 154
Jacques Gavard, page 47
Jardin d'Acclimatation, pages 172, 173
Jérôme Bonneton, pages 80, 81, 82, 144, 145, 146, 147, 149
L'AFFICHE / Dominique Milherou, pages 80, 81
Liliane Grunig et François Tribel, pages 114-115, 125
Lucile Redon, pages 68, 69, 150
Mairie de Paris, Christophe Noël, page 183
Mairie de Paris, Dany Gander-Gosse, pages 107, 116, 117, 151, 154, 160, 161, 175, 176, 180, 181, 190, 191, 209
Marc Lemonier, page 72
Musée de l'Assistance publique des Hôpitaux de Paris, François Marin, page 45
Musée de la Vie romantique, page 93
Musée Zadkine, page 52
Perrine Lacamp, pages 36, 60, 87, 88, 97, 104, 105, 118
Pershing Hall Hôtel, pages 78, 79
Philippe Beauviala, pages 139, 140
Régis Busschaert, page 11
Tim Schapke, page 75
Toutes les autres photos ont été prises par l'auteur.

Introduction

« Ce jardin peut être fermé en cas de tempête » : c'est ce qu'indique une petite pancarte bien fixée à l'entrée de la plupart des jardins publics de Paris. Nous voici avertis ! Été comme hiver, le pire peut arriver, surtout les inévitables réflexions des visiteurs amusés.
Malgré les avertissements, je suis entrée et j'ai parcouru plus de 450 squares, jardins, parcs ou bois publics que Paris est fier de nous offrir, bien que réputé être l'une des capitales les plus denses du monde après Tokyo.
Le but fut de déceler ce qu'il y aurait d'insolite, d'inhabituel ou de surprenant. Ces choix sont suggestifs et correspondent à un regard que je propose de partager avec le lecteur. Une façon divertissante et plaisante de fouiner dans histoire, usages, flore ou faune de ces espaces verts.
Au-delà des jardins publics, poussons discrètement les portes des jardins de certaines universités, grandes écoles, hôtels, musées, mais également celles des trois derniers véritables « jardins de curé » de Paris qui sont tous des lieux au charme incontestable.
Ce guide présente également deux formes nouvelles de jardins en ce début de vingt et unième siècle : les jardins partagés qui se multiplient abondamment dans Paris tout comme les murs végétalisés, nouvelle façon de faire entrer la nature dans la ville.
Les plus belles histoires m'ont été racontées par les jardiniers, ces hommes et ces femmes (de plus en plus nombreuses), travaillant avec acharnement, amour et passion. Ainsi l'aventure de ce sans-abri devenu familier d'un des grands jardins de Paris, au point d'intégrer son équipe d'entretien et d'en partager bénévolement les tâches jusqu'au jour où il fut terrassé par un cancer. Les habitants du quartier lui apportaient nourriture et soins mais il ne put survivre à son mal. À cause de son passé mouvementé de mauvais garçon, il était surnommé « Apache ». À présent, en son souvenir, chaque printemps les jardiniers disposent des dahlias Apache dans leurs massifs et, pour la Toussaint, fleurissent rituellement sa tombe avec leurs chrysanthèmes.
Un bel exemple d'humanité.
Pour compléter ces promenades, si l'envie de déjeuner ou de dîner en plein air est là, voici, sélectionnés pour vous, des restaurants, tous situés dans des jardins et au bord de l'eau ou du ciel, sur une terrasse.
Marcher, errer, se promener, s'asseoir, regarder, rêver, humer, scruter, jouer, découvrir, s'amuser, voici ce que propose également ce guide des 100 jardins insolites de Paris.

L'arbre aux voyelles

Jardin des Tuileries

Accès : place de la Concorde, place du Carrousel, rue de Rivoli, quai des Tuileries
Métro : Concorde, Palais Royal, Tuileries
Bus : 72

Commencer par ce royal jardin n'est que justice. Créé en 1564 par la reine mère Catherine de Médicis, il fut le premier jardin ouvert au public à Paris et reste avec ses 28 ha le plus grand (hors parcs) où l'on dénombre 2800 arbres plus un étrange arbre mort.

Dans le bosquet près de la terrasse du bord de l'eau, un immense chêne, comme violemment déraciné par une tempête, gît dans un désordre végétal de fusains rampants, d'ellébores de Corse, de pervenches. L'illusion est complète. Cet arbre n'est ni mort, ni en décomposition, il est en bronze ; il s'agit de l'œuvre d'un artiste italien, Guiseppe Penone, moulée sur un arbre abattu dans une forêt du nord de la péninsule, puis fondue, pour en réaliser une réplique exacte. Les morceaux assemblés furent soudés sur place, dans le jardin.
Il doit son titre à cinq grandes branches à l'extrémité desquelles cinq jeunes arbres ont été plantés : un if, un frêne, un aulne, un peuplier et un chêne.

Chacun, empreint d'une symbolique propre, est dédié à une divinité. Quelques voyelles sont gravées sur les racines dont la torsion rappelle celle des lettres.
Cette œuvre, qui veut évoquer la métaphore des états physiques et philosophiques de l'homme, subsistera assurément plus longtemps que les arbres vivants des environs.
L'Arbre aux voyelles a été installé en janvier 2000, quelques jours après la grande tempête de décembre 1999 qui avait abattu une vingtaine de sujets dans le jardin des Tuileries ! On imagine l'étonnement des promeneurs !
L'artiste révèle que les morceaux du chêne modèle ont fini dans les cheminées du bronzier transalpin, celui-là même qui le fait revivre éternellement.

Dans le même jardin

Statue de Charles Perrault

près de la terrasse des Feuillants

Louis XIV fit ouvrir le jardin sur les conseils de Charles Perrault. Remarquons toutefois que le monarque prit cette décision lorsqu'il délaissa Paris pour Versailles et que seuls les « honnêtes gens » correctement vêtus pouvaient entrer. Gueux, laquais et soldats en étaient exclus. Saluez au passage l'auteur des célèbres *Contes*, presque caché au printemps par des iris géants, autour duquel des enfants pétrifiés dans le calcaire font une joyeuse ronde.

Le saut de loup

près du Grand Carré

Certes le jardin fut ouvert au public mais un espace était réservé au roi. En témoigne le saut du loup dont on aperçoit encore un vestige. Creusé par Louis-Philippe, ce petit fossé se remarque à peine mais, historiquement, il a plus d'importance qu'il n'y paraît !

En compagnie des jolies femmes de Maillol
et selon ordre croissant de faim et de budget

Café Reale
Jardin des Tuileries, 01 42 96 63 03

Café Renard
Jardin des Tuileries, 01 42 96 50 56

Le Saut du Loup
107, rue de Rivoli, 01 42 25 49 55
Ouverts tous les jours midi et soir

À proximité

La Terrasse Fleurie
Hôtel Westin,
3, rue de Castiglione,
01 44 77 11 11 (50 €)
Ouvert du lundi au vendredi de 10h à 23h,
les samedi et dimanche de 11h à 23h
La Terrasse Fleurie est une extension du restaurant, dans le patio.

Hélas le canon s'est tu

Jardin du Palais Royal
Accès : Place du Palais Royal, rue de Montpensier, rue de Beaujolais, rue de Valois
Métro : Louvre-Palais-Royal
Bus : 1, 6, 7,9, 21, 39, 48, 68, 72, 81, 95

Discrètement posé sur la pelouse la plus au sud (côté colonnes de Buren), ce petit canon est la réplique de celui que le « sieur Rousseau, horloger au 95 galerie de Beaujolais » avait installé en 1786 sur le méridien de Paris, devant sa boutique. Par un savant jeu de loupes, le soleil mettait le feu aux poudres indiquant ainsi midi aux promeneurs. Le Palais Royal, qui avait été légué au roi par Richelieu, était devenu propriété en apanage de Monsieur, frère de Louis XIV. La police ne pouvant entrer, ce domaine, ouvert été comme hiver tard la nuit, devint un lieu de débauche, de jeu, de prostitution dans les bosquets, les cabanes et les cafés. De nombreux commerces, salles de jeux (on en comptait jusqu'à 37), rapportant de belles sommes à Monsieur, s'ouvrirent car les impôts étaient moins élevés que dans le royaume. Tout pouvait se dire à voix haute sans craindre les représailles et, plus tard, c'est ici que Camille Desmoulin déclara publiquement la prise de la Bastille, symbole du régime monarchique à abattre.

Un sonnet anonyme faisait allusion à notre petit canon :
En ce jardin, tout se rencontre,
Hormis de l'ombrage et des fleurs ;
Si l'on y dérègle ses mœurs,
Au moins, on y règle sa montre !

Remis en état en 1990, le canon continua à sonner midi jusqu'à ce que le plan Vigipirate le fit taire. Volé, il fut remplacé par une copie, aujourd'hui muette. Sur son socle était gravée *Horas non numeronili sereas* (Je ne compte que les heures heureuses). Belle devise en harmonie avec ce lieu de douceur, isolé du brouhaha de la rue.

À remarquer sous les arcades

Les boutiques insolites sont nombreuses : ici, il est possible d'acquérir librement toutes les décorations du monde entier (mais, ne portez que celles qui vous sont attribuées), là au 180, Charlotte Corday acheta à monsieur Badin le couteau qui lui servit pour assassiner Marat.

La boutique de Didier Ludot offre exclusivement des petites « robes noires déjà portées » créées par de grands couturiers. Le Grand Véfour est l'un des plus anciens et luxueux restaurants de Paris.

Le Palais Royal garde la mémoire de Colette et Cocteau dont les appartements donnaient sur le jardin.

Enfin, on trouve scellé au sol l'un des 135 médaillons « Arago » de Jan Dibbets, qui marque le méridien de Paris.

En souvenir de Colette et Cocteau, parmi les égéries du lieu

Muscade
67, galerie Montpensier,
01 42 97 51 36 (40 €)
Fermé dimanche soir et lundi

Palais Royal
110, galerie de Valois,
01 40 20 00 27 (65 €)
Fermé le dimanche

Le potager des oiseaux

Jardin partagé

Accès : rue des Oiseaux ou 39, rue de Bretagne
Métro : Temple, Arts-et-Métiers
Bus : 20, 75
Ouvert seulement le samedi et le dimanche de 10 h à 18 h

Comment ne pas tomber amoureux de ce petit potager de 125 m² concédé par la Ville de Paris à l'association les Jardiniers du 3e arrondissement qui, depuis 2004, cultive au cœur du Marais 30 petites parcelles d'1 m² chacune ?
Un jardin « partagé » au vrai sens du terme : planter, arroser, récolter, autant de tâches assumées par des jardiniers bénévoles.
La règle veut que légumes et fleurs s'épanouissent dans le plus grand respect des règles écologiques : pas d'engrais sinon naturel, pas de pesticides sinon des coccinelles ou une décoction d'orties.
Toutes les générations s'y retrouvent ; les enfants que le lieu inspire et apaise, les promeneurs du Marais que cette halte verte rafraîchit toujours, autant qu'Eugénie, la doyenne de plus de 80 ans, qui passe entre deux courses. Il y a parfois des expositions ou des récitals lyriques sous le figuier ; on y vient les soirs d'été pour prendre l'apéritif avec les autres jardiniers et l'on y organise en automne une grande soupe mijotée avec les légumes de la récolte.

À côté

Marché des Enfants Rouges

Il jouxte le potager et l'on peut déguster, sur des tables installées en plein air, les victuailles exposées sur les étals. Ce marché, l'un des plus anciens de Paris puisqu'établi en 1615, fut nommé ainsi au XVIIIe siècle en souvenir des petits orphelins tout de rouge habillés, qui vivaient dans un établissement voisin.

Un peu plus loin

Square du Temple

Accès : rue du Temple, rue de Bretagne, rue Perri, rue Eugène-Spuller

Le 8 juin 2004, le cœur d'un enfant fut déposé dans la crypte de la basilique de Saint-Denis. Cet enfant était mort de tuberculose le 8 juin 1795, emprisonné depuis près de trois ans dans la tour du Temple. Il était âgé de 10 ans seulement et orphelin depuis 1793, année où ses parents, Louis XVI et Marie-Antoinette, furent guillotinés.
Vingt ans plus tard, sa sœur, Madame Royale, de retour d'exil, vint au Temple planter trois cyprès et un saule pleureur. Ces arbres symboliques n'existent plus (un hôtel du quartier porte le nom d'hôtel du Vieux Saule), la tour qui dominait l'enclos des Templiers non plus (seul un tracé au sol en restitue le plan).
Chaque 8 juin, quelques bouquets de fleurs blanches sont fixés à la grille du square par les habitants du quartier qui, de cette manière souhaitent non seulement rendre hommage à la mémoire du petit Louis XVII, mais également afficher leur opposition aux violences subies par les enfants dans le monde. Ils aimeraient aussi replanter le saule disparu dans les années 1950.

Dans un patio qui fleure bon le Maroc
Le 404
69, rue des Gravilliers,
01 42 74 57 81 (30 €)
Ouvert tous les jours midi et soir
Brunch le week-end

Sur la terrasse d'un bar à vins
L'estaminet d'Arôme et Cépages
Marché des Enfants Rouges
39, rue de Bretagne, 01 42 72 28 12 (20 €)
Fermé le lundi
Brunch le dimanche

L'invisible rossignol de Heinz

Square Georges-Caïn
8-14, rue Payenne
Métro : Chemin-Vert ou Saint-Paul
Bus : 29

Vous ne le verrez pas mais, avec un peu de chance, vous l'entendrez s'il est en forme ! Il ne s'agit pas d'un leurre mais d'une œuvre électronique d'Erik Samakh qui émet le chant d'un oiseau activé par le vent... lorsqu'il y en a ! Sa programmation est faite par le musée Carnavalet.

À voir également dans le square

Même silencieux, ce square, crée en 1913 sur l'emplacement des jardins de l'hôtel Le Pelletier de Saint-Fargeau, vaut une visite, non seulement pour son atmosphère romantique, son odorant figuier (*Ficus carica*) qui prolifère à merveille, ses vestiges de l'ancien Hôtel de Ville, mais aussi pour son orangerie et son élégante statue de Maillol.
L'orangerie, construite entre 1686-1690 par Pierre Bullet pour Michel Le Pelletier, comporte treize arcades en plein cintre. Dans le fronton surmontant la baie centrale est représentée une femme tenant un miroir, sans doute une allégorie de la Vérité.
Quant à Michel Le Pelletier de Saint-Fargeau, l'histoire raconte qu'il vota la mort de Louis XVI mais qu'il fut aussitôt assassiné par un garde de corps du roi dans un café du Palais-Royal. Ses funérailles furent nationales et il fut inhumé au... Panthéon !
La sculpture de Maillol *Ile de France* a remplacé une statue du sculpteur Philippe Magnier (XVIIe siècle). Au printemps, ce joli corps de bronze surgit du bassin débordant de rosiers aux fleurs jaune pâle.

De l'autre côté de la rue, dans une cour pavée
Café du Centre culturel suédois
11 rue Payenne, 01 44 78 80 11 (10 €)
Ouvert du mardi au dimanche de 12 h à 18 h

Le marronnier d'Anne Franck

Jardin Anne Franck
Impasse Berthaud
Métro : Rambuteau
Bus : 29, 38, 47, 75

Ce berceau de verdure ne pouvait porter un autre nom. Qui d'autre évoquer, dans les anciens jardins de l'hôtel Saint-Aignan, actuel musée d'Art et d'Histoire du Judaïsme, sinon cette adolescente d'Amsterdam qui ne pouvait voir de la nature, depuis le grenier où elle se cachait de la fureur nazie, qu'un marronnier explosant de vie, au printemps 1944 ? Un greffon de ce marronnier a été planté ici, en 2007, qui, lui, deviendra grand en souvenir d'elle.

A l'extrémité de la très discrète impasse Berthaud, à deux pas de Beaubourg, les 4 000 m² du jardin se déclinent en 3 espaces successifs. Le premier, qui longe la façade du musée de la Poupée, offre des bancs, nichés dans les renfoncements touffus des feuillages, loin du monde et du bruit. On entre ensuite dans l'espace réhabilité des anciens jardins de l'hôtel Saint-Aignan, aux murs habillés de treillages de châtaignier où grimpent des clématites.
Au fond, dans un 3e jardin planté, des jeux pour enfants et une petite pelouse accueillante seront très bientôt ombragés par de jeunes arbres prometteurs. Plus loin, dans le petit jardin partagé, narcisses, crocus et campanules voisinent chaleureusement avec des topinambours, diverses salades et de l'estragon de Russie.
Cris d'enfants insouciants, sifflements de merles affairés, concerts de moineaux, parfums discrets et, par delà les toits, l'enchevêtrement des poutrelles rouges et bleues du musée d'Art moderne.

Jardins d'hôtels particuliers

Les hôtels du Marais sont, on le sait, entre cour et jardin. Si l'on ne veut, ou ne peut, pénétrer dans les bâtiments, les jardins sont souvent visibles par l'arrière. Il y en aurait une douzaine à signaler dont celui de l'hôtel Guénégaud des Brosses (musée de la Chasse et de la Nature, 60, rue des Archives) ou celui de l'hôtel Lamoignon (bibliothèque historique de la Ville de Paris, 25, rue des Francs-Bourgeois). Nous en avons choisi six, dont le jardin recèle un détail insolite.

Jardin de l'hôtel Saint-Gilles-Grand-Veneur

Accès : rue des Arquebusiers, 12, rue Villehardoin puis rue Hesse
Métro : Chemin-Vert
Bus : 20, 29, 65, 69

Pages précédentes, jardin de l'hôtel Saint-Gilles-Grand-Veneur.

Dans ce petit jardin de 987 m², créé en 1988, on est sous le charme de la roseraie (roses de Provins et de Damas, rapportées du Moyen-Orient par les croisés), et du bel hôtel du XVIIIe siècle. Sur sa façade, arrosoir, faux et râteau sculptés évoquent assurément plus le jardinage que la vénerie.

À ne pas manquer dans cet hôtel

UNE ÉTONNANTE COLLECTION

entrée : 60, rue de Turenne
Ouvert du lundi au vendredi de 10 h à 19 h, le samedi de 10 h à 17 h 30.

L'une des plus grandes expositions parisiennes de... baignoires, sanitaires, jacuzzis et autres articles de toilette : nous ne sommes pas dans un musée mais bel et bien au showroom de Jacob Delafon.

Jardin de l'hôtel de Marle

Centre culturel suédois
11, rue Payenne
Le jardin se voit de la rue Elzévir
Métro : Chemin-Vert ou Saint-Paul
Bus : 29

Avec la Petite Sirène d'Andersen
Café du Centre culturel suédois
11 rue Payenne, 01 44 78 80 11 (10 €)
Ouvert du mardi au dimanche de 12 h à 18 h

L'hôtel de Marle, construit en 1572, fut acquis par le gouvernement suédois en 1965. Unique centre culturel de la Suède à l'étranger, il accueille de nombreuses manifestations. Côté rue Elzévir, un jardin classique et sans prétention héberge bon nombre de sculptures, pour la plupart contemporaines ; celle dédiée à Carl von Linné ne laissera pas insensibles les amateurs de botanique.

Jardin des hôtels d'Albret et de Coulanges

Jardin Francs-Bourgeois Rosiers
35-37, rue des Francs-Bourgeois
Métro : Saint-Paul
Bus : 29

Rue des Francs-Bourgeois, fourmilière humaine pendant le week-end, gaz d'échappement, frénésie de shopping branché, dans un décor d'hôtels aussi classés que classieux, se cache une merveille. Les vénérables portes de l'hôtel de Coulanges s'ouvrent à une autre modernité, puisque c'est ici que s'est installée la Maison de l'Europe. Europe verte, si l'on suit les flèches indiquant : « jardin des Rosiers ». Après avoir traversé le hall d'accueil et poussé une porte vitrée dans un coin en retrait, on débouche sur un adorable petit espace protégé : pelouse, jeux d'enfants en bois, jeunes arbres pleins de vie, graminées, bancs... Quid des rosiers annoncés ? Réponse : un second jardin est prévu, derrière l'hôtel d'Albret, accessible par la rue des Rosiers ! Attention aux heures ouvrables de ce petit paradis : 13 h 30 - 19 h.

Jardin de l'hôtel Carnavalet

Accès : 16, rue des Francs-Bourgeois
Ouvert du mardi au dimanche de 10 h à 17 h 30, de mars à octobre. L'hiver, accès par le musée.
Métro : Saint-Paul
Bus : 29

Le tracé à la française des buis nains taillés est admirable, et les parterres de fleurs à l'intérieur des broderies, une agréable variation sur le thème des couleurs.

Dans la cour voisine

UNE INSCRIPTION QUI FAIT DATE

Elle se trouve sur le socle de la statue de Louis XIV. Cette sculpture d'Antoine Coysevox évoque un festin solennel offert au monarque le 30 janvier 1687, et fut érigée le... 14 juillet. Les 14 juillet se suivent de siècle en siècle mais ne se ressemblent pas !

Jardin de l'hôtel Henault-de-Cantobre

Maison européenne de la Photographie
5-7, rue de Fourcy
01 44 78 75 00
Métro : Saint-Paul, Pont-Marie
Bus : 67, 69, 76, 96
Ouvert du mercredi au dimanche de 11 h à 20 h sauf jours fériés

Avant d'entrer dans cet hôtel particulier (début XVIIIe) très rénové, on admire, à gauche, l'étonnant jardin Niwa créé par l'artiste japonais Keijchi Tahara, qui vit à Paris depuis 1972. Pas de plantes, mais du gravier blanc et noir ainsi que du verre, qui laissent le soleil créer des zones d'ombre et de lumière. Ce jardin Niwa, « de pure tradition japonaise, est un lieu terrestre et spirituel à la fois où la matière des éléments épouse la spiritualité du vide. Le Niwa invite à la quiétude, à la contemplation et à la réflexion ». Dépaysement assuré dans ce petit coin du Marais !

Sur les pavés dénivelés, avec vue sur le chevet gothique de l'église Saint-Gervais-Saint-Protais
L'Ébouillanté
6, rue des Barres, 01 42 71 09 69 (20 €)
Ouvert du mardi au dimanche de 12 h à 22 h

Jardin de l'hôtel d'Aumont

Tribunal administratif de Paris
Le jardin est visible de la Cité Internationale des Arts, 18, rue de l'Hôtel de Ville
Métro : Pont-Marie
Bus : 67, 68, 76, 96

Dans ce jardin créé en 1995, ni broderies à la française, ni fleurs ; seulement quelques bordures de buis pour dessiner de somptueuses plates-bandes de légumes.
La présence d'un potager devant la façade de ce bel hôtel a quelque chose de saugrenu. Aujourd'hui, ce lieu, clos et bien protégé, est un remarquable conservatoire de légumes : tomates zébrées, vertes ou noires de Crimée, aubergines blanches, anciennes variétés de betteraves, plantes d'Égypte...
Les légumes sont plantés de façon à être en pleine maturité pour la fête des Jardins (fin septembre), à l'occasion de laquelle le lieu est ouvert au public.

À voir à côté

Square Marie Trintignant
11, rue de l'Ave Maria, quai des Célestins
Métro : Pont-Marie, Sully-Morland
Bus : 69, 76, 96

L'an 2000 est déjà loin, exit le square de l'Avé Maria créé précisément pour fêtr le 3e millénaire. Bienvenue au tout nouveau square Marie Trintignant et à son petit salon pavé de bois à l'ombre d'un chêne chevelu.

Jardin de l'hôtel de Sens

Bibliothèque Forney
rue de l'Hôtel de Ville
Le jardin est parfaitement visible de la rue des Nonnains d'Hyères
Métro : Saint-Paul, Pont-Marie
Bus : 16, 67, 68, 96

L'hôtel de Sens (1475-1519) accueille, depuis 1961, la bibliothèque Forney spécialisée dans les beaux-arts, les arts décoratifs et les techniques industrielles.
Le vaste jardin, d'aspect classique, a été dessiné en 1955. La taille des buis nécessite en général un mois ; elle s'effectue au printemps, à l'époque des Rameaux.
Certaines photos montrent qu'il y avait un bassin avec un jet d'eau, aujourd'hui disparu. Un matin, les jardiniers ont retrouvé un trou, dû à un effondrement de terrain ; le bassin était au fond ! Il y est encore mais le trou a été comblé.

Le clos dédié à une princesse

Clos des Blancs-Manteaux ou Princesse Diana

21, rue des Blancs-Manteaux
Métro : Hôtel de Ville ou Rambuteau
Ouvert samedi, dimanche et jours de fête, de 10 h à 12 h 30 et de 13 h 30 à 17 h ou 18 h 30 selon les mois.
Renseignements auprès de Paris-Nature : 01 43 28 47 63

Impossible de pénétrer durant la semaine dans ce jardin de 1 000 m² même si vous entendez les cris joyeux des enfants derrière les grilles : cet espace leur est réservé ! Depuis l'an 2000, ils se forment ici au jardinage. Lorsque les portes vous sont soudain ouvertes, un lieu d'un calme absolu, aux allures de jardin médiéval, se révèle à vous. Après la zone d'arbres, vous parviendrez aux carrés harmonieusement cultivés,impeccablement étiquetés.
Le Clos des Blancs Manteaux a pour vocation d'intéresser les visiteurs à leur environnement proche : le jardin est un lieu d'observation, la maison-atelier, un lieu d'expérimentation quotidienne qui donne des pistes pour appréhender le concept de développement durable. Ne vous en privez pas !

Ouverts tous les jours midi et soir, un bistro bien de chez nous, un restaurant coréen ou bien encore une trattoria italienne, venez comparer et faire votre marché gastronomique, place du Marché Sainte-Catherine

Au bistro de la place
01 42 78 21 32 (30 €)

Le Marché
01 42 77 34 88 (25 €)

Soprano
01 42 72 37 21 (30 €)

Arirang
01 42 77 16 26 (25 €)

À voir tout près

Le mur végétal du BHV Homme

36, rue de la Verrerie

Métro : Hôtel de Ville

Bus : 38, 47, 69, 70, 72, 75, 76, 96

Ecolo et so déco !

Encore une œuvre de Patrick Blanc (voir p. 47, 63 et 79).

Un jardin tissé comme une tapisserie

Jardin médiéval du musée de Cluny
Accès : boulevards Saint-Germain et Saint-Michel, rue de Cluny
Métro : Saint-Michel, RER : Cluny-La-Sorbonne

Créé en 2000 par Éric Ossart et Arnaud Maurières, ce jardin de 5 000 m^2 qui entoure l'hôtel des abbés de Cluny (fin xve siècle) évoque le Moyen Âge avec ses peurs, ses croyances, ses pratiques médicinales, religieuses ou amoureuses.
Comme dans un conte, nous entrons dans la « forêt de la licorne », découvrant au sol les empreintes des traces laissées par lapin, renard, singe, lion, ou porc-épic (devenus plus loin des jeux d'enfants).
Toutes les plantes et animaux rencontrés sont là comme échappés des tapisseries de la Dame à la licorne exposées dans le musée du Moyen Âge.
Quiétude et sérénité nous envahissent quand la nature est domestiquée.
Ici, une grande croix dessine au sol quatre carrés :
- le ménagier où poussent les plantes « à pot », à l'origine du mot « potager », tels que oignons, ail, choux, navets ;
- le jardin des simples où s'épanouissent les plantes essentielles de la médecine médiévale (hysope, absinthe, rue, sauge, mélisse, camomille, menthe...) ;
- le jardin céleste, voué à la Vierge, où fleurissent violettes, pâquerettes, lis, roses... autant de fleurs symbolisant ses vertus ;
- le jardin d'Amour courtois qui a le parfum des roses, des œillets, du thym, du chèvrefeuille et des buis.

Un peu plus haut, le préau, propice au repos, veut évoquer une « prairie » fleurie où fontaine et roseaux signalent la présence de l'eau, source de vie.

À voir à côté

Le chemin creux planté de giroflées, fougères, valérianes, euphorbes, conduit au square Paul Painlevé. En continuité avec le jardin médiéval, son tapis « mille-fleurs » est particulièrement gai l'été.

Pour sa terrasse-terroir qui fleure et goûte bon l'Auvergne
Chantairelle
17, rue Laplace, 01 46 33 18 59 (30 €)
Fermé samedi midi et dimanche et semaine du 15 août
Spécialités de la Haute-Loire et du Puy-de-Dôme

Le plus vieil arbre de Paris

Square René-Viviani

25, quai de Montebello
Accès : quai de Montebello, rue Lagrange, rue Saint-Julien-le-Pauvre
Métro : Maubert-Mutualité, RER : Saint-Michel
Bateaubus : Notre-Dame

Dans ce square avec vue imprenable sur Notre-Dame de Paris, un robinier faux-acacia (*Robinia pseudoacacia L.*) aux grappes de fleurs blanches et parfumées fut introduit par le botaniste des rois Henri III, Henri IV et Louis XIII, Jean Robin (1550-1629). Celui-ci planta ainsi en France, en 1602, le premier arbre originaire d'Amérique. Plus tard, Linné dédia cet arbre à son « découvreur ». Après la création du Jardin des Plantes (1635), le fils de Jean Robin, Vespasien, nommé démonstrateur en botanique, introduisit en 1636 un rejet du robinier de son père. Cet arbre subsiste aujourd'hui au sud du laboratoire de Phanérogamie, quoique bien vieilli, couvert de lierre et soutenu par un tuteur. Le panneau planté sous le robinier du square Viviani précise que celui-ci attend votre visite depuis plus de quatre siècles. Il est bien mal en point, béquillé de béton ce qui est fort disgracieux pour un si respectable sujet.

Sur un vaporetto, la Dolce Vita, face à Notre-Dame
Ô fil de l'ô
Port Montebello (face au 55, quai de La Tournelle), 01 43 54 19 51 (35 €)

Les Alpes à Paris

Jardin alpin du jardin des Plantes

Accès : place Valhubert, rue Buffon, rue Cuvier, rue Geoffroy-Saint-Hilaire
Métro : Austerlitz, Jussieu, Place-Monge
Bus : 24, 57, 61, 63, 67, 89, 91
Ouvert de 8 h à 16 h 50 suivant les saisons

Créé il y a plus de 75 ans, ce jardin alpin où 2000 variétés sont conservées sur 4 000 m² est une réelle prouesse qui tient à une astuce : le sol est creusé à 3 m en dessous du niveau général. Les plantes sont ainsi protégées du froid comme du chaud et s'adaptent à des conditions de vie très spécifiques. Les rocailles et leur système d'irrigation permettent de reconstituer le microclimat de diverses régions montagneuses. Nous retrouvons ici des spécimens du monde entier, du Caucase aux Pyrénées, d'Amérique du Nord ou de l'Himalaya.

À voir dans le Jardin des Plantes

La gloriette de Buffon

La plus ancienne construction métallique de France est située au sommet du labyrinthe. On sait que Buffon, intendant du « Jardin royal des plantes médicinales » pendant près de 50 ans (1739-1788), était originaire de Montbard dont il dirigeait les célèbres forges. C'est avec du fer provenant de celles-ci, mais également avec du cuivre, du bronze, du plomb et de l'or que fut réalisé ce kiosque dans les années 1786-87. Si le gong d'origine, destiné à indiquer « le midi vrai », a malheureusement disparu en 1795, reste une inscription très optimiste : *Horas numero nisi seranas* (je ne compte que les heures sans nuages). Aujourd'hui le petit édifice est coiffé d'une sphère armillaire constituée de plusieurs cercles représentant les lignes d'horizon, du méridien, de l'écliptique avec au centre un petit globe figurant la terre.

La ménagerie et la grande volière.

Après la Révolution, le jardin, rebaptisé Muséum d'Histoire Naturelle, fut agrandi de 5 ha pour recevoir les animaux de la ménagerie royale de Versailles ainsi que ceux provenant des saisies des collections princières et foraines (les fameux montreurs d'ours). La grande rotonde, dont le plan est inspiré de la croix de la Légion d'honneur, conserve le souvenir de son hôte le plus célèbre : l'illustre girafe offerte en 1826 par le pacha d'Égypte, Mehemet Ali, à Charles X. L'animal, venu du Soudan, fut embarqué à Alexandrie avec trois vaches dont le lait la nourrit durant la traversée. Débarquée à Marseille, la girafe dut marcher jusqu'à Paris, rassemblant beaucoup de curieux sur son parcours. Elle connut un véritable engouement : on lui consacra chansons, poèmes, cartes pos-tales ou décors d'assiettes. Des foules de visiteurs se pressaient à la ménagerie du Muséum où elle vécut 24 ans avant de disparaître de sa belle mort. La grande volière de 900 m², construite à l'occasion de l'exposition universelle pour le centenaire de la Révolution, vient d'être restaurée. On peut y pénétrer à loisir sans importuner oiseaux, pintades ou autres palmipèdes peu farouches. Cette immense construction métallique (fonte et fer) de 1888, dessinée par Jules André, reste sans conteste l'une des plus belles volières d'Europe.

Les arbres historiques

Des fascicules entiers présentent les arbres exceptionnels de ce jardin. Impossible de les citer tous ; au hasard de votre promenade, vous remarquerez :
- le robinier faux acacia, *Robinia pseudoacacia* (à droite du laboratoire de Phanérogamie), planté en 1636 par le fils de Jean Robin (voir p 38) ;
- le cèdre du Liban, *Cedrus libani* (dans le grand labyrinthe). La légende affirme que, maladroit, Bernard Jussieu aurait cassé le pot qui le contenait et l'aurait rapporté d'Angleterre au fond de son chapeau ! Il fut planté ici en 1734 ;
- le sophora, *Sophora japonica*, le plus ancien de France et d'Europe, planté en 1747. La graine provenait de Chine, contrairement à ce qu'indique son nom, d'où le RP d'Incarville (jésuite sinologue averti qui résidait à Pékin) l'avait envoyée.

La fontaine aux lions

La fontaine est nichée dans le mur de soutènement de l'ancien réservoir, alimenté par l'eau de la Bièvre, créé en 1834 près du portail d'accès rue Geoffroy Saint-Hilaire. L'un des lions, placés au sommet de la construction, paraît se régaler d'un succulent… pied humain ! Cette sculpture, installée en 1863, est due à Henri Jacquemont, artiste dont on peut admirer les sphinx à la fontaine du Châtelet, les lions à celle de la place Félix Éboué et les dragons place Saint-Michel.

Une déco en forme de squelette pour vous sentir heureux comme un baleineau dans l'eau
La Baleine
47 rue Cuvier, 01 40 79 80 72 (20 €)
Ouvert tous les jours de 12 h à 22 h 30

Un snack non loin des takins
Le kiosque de la Ménagerie
57, rue Cuvier, 01 40 79 37 94 (4 €)
Ouvert du lundi au samedi de 10 h 30 à 17 h 30 et le dimanche de 10 h 30 à 18 h

Un manège qui vaut le détour : des animaux disparus ont remplacé les chevaux de bois.

Hispano-mauresque

Jardins de la mosquée de Paris
2 bis, place du puits de l'Ermite, 75005 Paris
Metro : Place Monge Jussieu ou Censier
Bus : 89 et 47

L'Institut musulman de la mosquée de Paris fut inauguré en 1926.
Ce monument marque l'amitié de la France et de l'Islam et la reconnaissance envers le sacrifice des soldats musulmans morts durant la première guerre mondiale. L'ensemble s'inspire des plus beaux projets d'architecture hispano-mauresque et intègre des jardins arabes recréés en 2008.
La réhabilitation souhaitait approcher la vision idéalisée d'une gravure du projet d'origine et refléter la tradition des jardins de riads où le murmure de l'eau s'associe aux couleurs et aux parfums des plantes dans des parterres encaissés par rapports aux allées.
La cour d'honneur aux zelliges turquoise, plantée de façon précieuse, contraste avec la cour des ablutions restée volontairement minérale pour mettre en valeur son décor architectural. L'espace géométrique, souligné de bordure de buis, est rythmé par quelques palmiers, les cordylines et les lignes de cyprès qui composent en couronne l'écrin de fontaines de marbre rose. Les autres arbres et arbustes, choisis pour leurs fleurs ou fruits, offrent une forme de liberté et un esprit luxuriant. Le jardin, blanc rosé au printemps, commence à accueillir le bleu des glycines en mai avant d'offrir des couleurs éclatantes l'été.
La terrasse est traitée comme un jardin à part où les pots garnis de *Chamaerops* et de Cordyline ajoutent un graphisme végétal à celui de l'architecture. Le patio de l'entrée Est où se trouve le tombeau du fondateur de la mosquée, Si Kaddour Ben Ghabrit, est éclairé de plantations lumineuses composées en grande partie d'arbustes clairs et panachés.
La première tranche des travaux de rénovation de la cour d'honneur devrait être suivie prochainement de la réhabilitation des jardins latéraux.
A l'achèvement des restaurations, l'unité des lieux reposera sur des lignes verticales de cyprès accompagnant de leur pureté la force de l'architecture et la spiritualité des lieux. Dans les jardins latéraux, les plantations à l'esprit méditerranéen, seront plus rurales et fruitières.

Dans le précieux patio avec glycine odorante et fontaine glougloutante
Salon de thé de la Grande Mosquée de Paris
39, rue Geoffroy-Saint-Hilaire, 01 43 31 38 20 (4-6 €)
Ouvert tous les jours de 9 h a minuit

Ave Marcellus !

Square des Arènes de Lutèce
et square René-Capitan
4, rue des Arènes
Métro : Jussieu
Bus : 67, 89

Près de 7 000 arbustes et plantes ombragent le square René Capitan, jardin d'inspiration italienne qui prolonge le square des Arènes de Lutèce.
Un olivier de Bohème en indique l'entrée. Promenez-vous à la rencontre du frêne pleureur que vous consolerez avant de vous étonner devant l'hêtre tortillard (appelé aussi « faux de Verzy ») de 2 m de haut, aux branches tordues et retordues sur elles-mêmes.
Derrière la fontaine, deux micocouliers font étalage en septembre de leurs fruits comestibles violets-noirs. Saluez ces vénérables ancêtres qui vivent jusqu'à 600 ans, offrant un bois d'une résistance et d'une flexibilité recherchées pour les manches d'outils comme pour les avirons.
Les parterres de fleurs ne sont pas en reste d'attrait et donnent lieu à des concours.
Autre surprise du lieu, Marcellus et Verus, deux dignitaires romains, abonnés aux spectacles de l'arène en contrebas, dont la présence nous émeut sous forme de pierres gravées.
L'arène en question fait toujours le bonheur des joueurs de pétanque, après avoir sûrement fait la douleur des gladiateurs et peut-être aussi celles de chrétiens.
Seul vestige romain de la capitale avec les thermes de Cluny, ce demi-amphithéâtre à scène contenait 15 000 places. Spectacles de cirque ou pièces de théâtre alternaient. Aux beaux jours les gradins supérieurs étaient protégés par un voile de lin (*velarium*). Les loges des acteurs derrière la scène restent visibles, ainsi que les cages des fauves, des couloirs et le *vomitorium*.
Fermez les yeux, écoutez les lions rugir...

Un musée de sculptures contemporaines en plein air

Jardin Tino-Rossi

Accès : quai Saint-Bernard, escaliers près de l'Institut du Monde Arabe
Métro : gare d'Austerlitz, Jussieu
Bateaubus : Jardin des Plantes

Ce jardin de plus de 30 000 m² a été créé entre 1975 et 1980.
Ici, qu'ils soient grecs, cubains, hongrois, brésiliens ou français les grands artistes sont bien représentés. Voici des sculptures de Liberaki, Cardenas, Patkai, Liuba, César ou Étienne-Martin.
On admirera également les travaux de Hadju, Stahly, Zadkine ou Nicolas Schöffer (*Chronos 10*, datant de 1980) souvent contemporains de la création du jardin. Ces œuvres sont un dépôt de la Ville de Paris. Malheureusement certaines sont la proie de vandales aussi peu connaisseurs en art que dotés d'esprit civique.

Les soirs d'été, on y danse, on y danse

Face à l'institut du Monde arabe
De juin à septembre, de 19 h à minuit du mercredi au dimanche
Renseignements : www.danseavecnous.com et 06 98 37 27 52

Les soirs d'été, les amateurs de tango, rock n' roll mais surtout salsa et autres danses de tous continents s'en donnent à perdre souffle sans réussir à réveiller qui que ce soit, grâce à l'isolement du jardin. Les 5 petits amphithéâtres deviennent autant de pistes joyeuses où toutes les générations vont aux rythmes les plus variés, éclairés sporadiquement par un bateau-mouche envahi de touristes enthousiastes. L'association Danse avec nous, propage cette initiative sur les quais de Bordeaux, Lyon, Nice, Toulouse, Montpellier.

Carrément simple

Jardin du musée de l'Assistance publique

Hôtel de Miramion, 47, quai de la Tournelle, 01 40 27 50 05
Métro : Saint-Michel, RER : Saint-Michel-Notre-Dame
Ouvert de 10 h à 18 h sauf lundi, jours fériés et mois d'août

Depuis 2002, derrière la façade classique de ce très bel hôtel XVIIe se cache un carré de simples, modèle du jardin d'hôpital au Moyen Âge, créé par Philippe Hamm.
Basé sur un symbolisme philosophique et théologique très précis, il se lit suivant une codification du chiffre 4 : « Ce chiffre de la perfection divine au Moyen Âge se rattache, dès l'Antiquité, aux éléments qui composent l'univers : l'eau, la terre, l'air et le feu ». On découvre donc :

- 4 allées qui forment une croix, symbole des 4 fleuves du Paradis et des vertus cardinales (la justice, la prudence, la tempérance et la force) ;
- 2 diagonales, avec l'Homme au centre du carré ;
- le rond central, point de réunion de la croix et des diagonales symbolise la fontaine de vie vers laquelle allaient les pensées des moines, premiers médecins d'Europe.

Chacun des 12 massifs contient des plantes thérapeutiques spécifiques : plantes sédatives, vulnéraires, pour les maux de ventre... ou encore « celles à utiliser avec prudence » (certaines sont réellement toxiques !)

Une vigne au cœur de Saint-Germain-des-Prés

Square Félix-Desruelles

168 bis, boulevard Saint-Germain
Métro : Saint-Germain-des-Prés
Bus : 39, 63, 70, 86, 87, 96, 95

Les deux squares qui jouxtent l'église Saint-Germain-des-Prés, créés en 1901 à l'emplacement de l'ancienne abbaye sont utilisés comme dépôts lapidaires.
Le square Laurent Prache accueille les vestiges gothiques de la chapelle de la Vierge et du cloître de l'abbaye ; le square Félix Desruelles, l'imposante porte en grès émaillé qui ornait le pavillon de la Manufacture de Sèvres à l'Exposition universelle de 1900. Mais la véritable curiosité est autre : imaginerait-on trouver une vigne au cœur de Saint-Germain-des-Prés ? Ces 12 ceps ont été plantés en 1993, en accord avec la Mairie de Paris qui les entretient, par la confrérie de Saint-Juliénas-des-Prés dont le siège est au Procope, l'un des plus vieux restaurants parisiens. Ainsi chaque année fête-t-on le chapitre de printemps, une façon amusante et festive de faire la promotion des vins de Juliénas dans la capitale.

Une cour-écrin avec fleurs et fontaine cachée au pied de son escalier classé
La Petite Cour
8, rue Mabillon, 01 43 26 52 26 (27-37€)
Ouvert tous les jours midi et soir sauf samedi midi

À voir à proximité

UN PICASSO À VOUS FAIRE PERDRE LA TÊTE

Face à l'entrée du square Laurent-Prache, place Saint-Germain-des-Prés, trône le portrait sculpté de Dora Maar, l'une des épouses de Pablo Picasso. L'artiste qui l'avait rencontrée au célèbre café de Flore, offrit cette œuvre en 1959, en hommage à Guillaume Apollinaire. Mais, installée sans protection, elle fut l'objet d'un larcin. Canular d'étudiant ou convoitise d'un amateur d'art, nul ne le saura jamais. En revanche l'on sait que cette sculpture précieuse fut retrouvée dans un fossé en banlieue parisienne. Par précaution une copie est maintenant en place.

Mur vert et blue jean

Mur végétalisé de la boutique Marithé et François Girbaud
7, rue du Cherche-Midi
01 53 63 53 63
Métro : Sèvre-Babylone, Saint-Sulpice
Bus : 39, 63, 68, 70, 83, 84, 87, 95, 96

Vous avez le choix : ne voir que les vêtements de la vitrine, ou n'avoir d'yeux que pour la fracassante cascade de verdure qui tombe du 2e étage en traversant le rez-de-chaussée pour s'affaler au plus bas, dans... le sous-sol ! Tout simplement, vous vous trouvez devant la boutique des créateurs Marithé et François Girbaud, leaders du jean délavé depuis plus de 40 ans, les seuls français à s'imposer largement sur le marché du jean aux États-Unis. Ils s'intéressent, on le voit ici, aux matières et marient écologie et mode. Pour eux, Patrick Blanc, botaniste et chercheur au CNRS, spécialiste des essences tropicales, a planté en 2002 le décor d'un temple de la *branchitude*, comme il l'a fait également à la Fondation Cartier. Une telle initiative est suffisamment novatrice, astucieuse, généreuse et ô combien esthétique, pour justifier un détour par la rue du Cherche-Midi.
On se met à rêver : « si toutes les boutiques du monde... ».

Des pommes, des poires et des pêches

Verger du jardin du Luxembourg (partie ouest)
7 entrées possibles, par ordre alphabétique : rues Auguste Comte, Guynemer, place André Honnorat, rue de Médicis, boulevard Saint-Michel, rue de Vaugirard
Métro : Luxembourg, Notre-Dame-des-Champs, RER : Luxembourg
Bus : 21, 27, 38, 58, 82, 83, 84, 85, 89
Visites guidées par les jardiniers : chaque 1er mercredi du mois (en juin, tous les mercredis) à 9 h 30.
Rendez-vous à l'entrée de la place André Honnorat, rue Auguste Comte
Réservation : 01 42 34 20 23

Plus de 600 variétés de pommes et poires sont récoltées dans ce verger, véritable conservatoire des techniques anciennes de culture et de taille, et lieu de formation (inscription aux cours : 01 45 42 29 08)

Le poirier de l'avenir

Juste en face de la porte, un poirier, taillé en palmettes de 19 branches, atteindra la perfection... dans une cinquantaine d'années environ !

Les pêches de Montreuil

Le pêcher, contre le mur de la maisonnette à gauche de l'entrée, renvoie à l'histoire de Montreuil qui produisait au XVIIIe siècle des pêches très prisées dont certaines étaient expédiées vers les cours d'Angleterre et de Russie. Certaines pouvaient atteindre 400 g ; on utilisait la technique spécifique du palissage à la loque, consistant à planter les arbres devant un mur enduit à la chaux blanche, ce qui favorisait la réverbération.
Les branches y étaient fixées sur des clous avec des morceaux de tissus (loques). Une petite verrière protégeait des intempéries et conservait la chaleur. On tirait un rideau par grand froid ou pour protéger les fruits des oiseaux.
Au XIXe siècle, le développement des trains facilitant le transport des fruits du sud entraîna l'abandon progressif de cette culture dans la région parisienne. À Montreuil, une association très dynamique essaye de sauvegarder ce patrimoine arboricole.
(site : http://mursapeches.free.fr)

Les arbres aux papillotes

Après la floraison, chaque fruit est ensaché dans un petit sac de papier blanc, sorte de sac à bonbons.
Les arbres ainsi parés font penser aux « papillotes » que les belles mettaient autrefois sur leurs cheveux ! Cet ensachage non seulement protège les fruits des intempéries, maladies ou pollutions mais les rend plus savoureux. Chaque automne, les responsables du verger composent une corbeille contenant quelques-uns des plus beaux spécimens pour l'offrir au président du Sénat.

Dans le même jardin

Le Rucher

Créé par Henry Hamet en 1856, il fut complètement reconstruit en 1991.
La forme du kiosque et des ruches évoque les alvéoles des casiers à miel. Le miel produit (le plus chic de Paris) s'achète lors de la traditionnelle exposition d'automne dans l'orangerie, mais il faut faire vite car il est très prisé ! La Société centrale d'apiculture (01 45 42 29 08, www.la-sca.net) initie ou perfectionne les apiculteurs de tous âges.

Les miels de Paris

Outre le rucher du Luxembourg, le plus ancien, ceux des parcs de Bercy, Georges Brassens (créé en 1986) et de Kellermann (créé en 1998), signalons l'initiative de Jean Paucton, ancien accessoiriste à l'Opéra, qui a installé deux ruches à l'Opéra Garnier et une à l'Opéra Bastille. Nos abeilles citadines et mélomanes vont butiner à 3 km à la ronde, du côté du cimetière du Père Lachaise, ou dans les vignes de Montmartre. « Assez curieusement, les abeilles à Paris, et dans toutes les grandes villes, donnent deux à trois fois plus de miel que leurs cousines de la campagne, en particulier grâce à la température ambiante de 3° plus élevée que la moyenne. » écrit Arsenault, journaliste canadien qui ajoute : « Les trois ruches de J. Paucton ont produit 45 kg de miel durant l'été 94. La récolte est vendue dans la boutique de l'Opéra de Paris. »
À La Villette, aux Jardins Passagers, Jean Paucton exploite aussi plusieurs ruches : www.villette.com, 01 40 03 75 75 (réservation atelier Apiculture).
Mais le lieu le plus insolite de Paris pour la production du miel reste la statue de Casimir Périer au cimetière du Père Lachaise ! L'été, un vol d'abeilles virevolte autour de sa tête, l'auréolant avec malice. Pendant plusieurs années un apiculteur est venu faire sa récolte. Aujourd'hui le miel coule, par petites traînées, le long du cou de l'homme politique.

La statue de la Liberté

La dame la plus photographiée du jardin se rencontre au coin d'une pelouse, du côté de la rue Guynemer près des tennis : il s'agit de la sculpture originale de la statue de la Liberté qui servit de modèle pour la réalisation de celle de New-York. À l'occasion de l'Exposition universelle de 1900, Bartholdi l'offrit au musée du Luxembourg qui la plaça dans le jardin 6 ans après.

Les palmiers blessés de guerre.

Autour du bassin

Sur le tronc de certains palmiers, qui prennent leurs quartiers d'été près du grand bassin, de gros impacts d'éclats d'obus ont été soigneusement obstrués pour éviter à l'eau de s'infiltrer et à la pourriture de s'installer. Ces palmiers font partie des blessés de la Première Guerre mondiale. Un élagueur du jardin affirme, par ailleurs, qu'en coupant la branche d'un arbre, il a trouvé, enfouie à l'intérieur, une balle qui daterait de la fusillade des Fédérés lors des émeutes de 1871.

Le triomphe de Silène,

le petit singe caché

Une importante composition de bronze représente Silène, tuteur de Dionysos qui vient d'être capturé ivre, hilare, emporté sur le dos d'un baudet. Midas, pour l'attraper plus facilement, aurait transformé en vin l'eau de la fontaine auprès de laquelle il buvait.
Mais savez-vous où le sculpteur Aimé Jules Dalou (1838-1902) a caché un petit singe espiègle ?
Le trouver n'est pas si facile !*

* réponse : le singe est caché entre les pattes du baudet

Sous les arbres, un lieu tendance pour retomber avec gourmandise en enfance

La buvette des Marionnettes

26, rue Vaugirard, 01 43 26 33 04. Ouvert tous les jours de 9 h à 19 h, fermé en janvier (10-20 €). Brunch bien tranquille le dimanche, conseillé pour toute sa petite famille.

Le jardin de Zadkine

Jardin du musée Zadkine
100 bis, rue d'Assas
01 43 26 91 90
Metro : Vavin
RER : Port-Royal
Bus : 38, 82, 83
Ouvert de 10 h à 17 h 30 sauf le lundi

« Il faut que les semelles de mes chaussures raclent la terre » affirmait Zadkine. Dans cette adorable maison préservée au fond d'un petit passage, le sculpteur d'origine russe, arrivé en France en 1909, habita à partir de 1928 et jusqu'à sa mort en 1967. Dans le jardin, havre de quiétude au charme fou, s'épanouissent quelques-unes de ses œuvres.

Des jardins pour étudiants

Jardin botanique de la faculté de Pharmacie

Université René Descartes
4, rue de l'Observatoire
Métro et RER B : Port-Royal
Bus : 38, 82, 83

Ce jardin botanique fut créé en même temps que les premières serres en 1884, avant même la faculté, l'année suivante. Destiné aux étudiants en pharmacie de l'université René Descartes, il est cultivé pour maintenir la tradition de la connaissance des innombrables plantes aux vertus thérapeutiques. On peut y voir les élèves s'y promener, réviser *in situ* leurs cours entre les plates-bandes ou parfois même dessiner certaines fleurs. Les jardiniers, passionnés et passionnants, échangent leurs connaissances avec les étudiants qui parfois reviennent sur les lieux, de longues années après. Les végétaux sont classés et parfaitement bien étiquetés. Dans un bassin, des plantes aquatiques laissent aux oiseaux et aux canards le loisir de venir s'ébrouer. En 2005, les serres furent complètement reconstruites pour accueillir des collections d'orchidées, de fougères ou de plantes tropicales rapportées des contrées lointaines.
Qui pourrait réaliser qu'au creux de l'hiver, au centre de Paris, la récolte d'olives s'élève parfois jusqu'à 5 kg de fruits ?

Jardin de l'École normale supérieure

45, rue d'Ulm
RER : Luxembourg
Bus : 21, 27
Fermé le week-end

Dans ce ravissant patio ombragé, les étudiants viennent s'assoir pour lire ou se reposer au son délicat du bruissement d'un jet d'eau qui ferait facilement oublier le sérieux des études.

Jardin botanique de la faculté de Pharmacie.
Page de gauche, jardin de l'École normale supérieure.

Dans la cour d'un hôtel particulier, royaume du luxe pour enfants
Bonpoint
6, rue de Tournon, 01 56 24 05 79 (20-30 €)
Ouvert du lundi au samedi jusqu'à 15 h pour le déjeuner, jusqu'à 18 h pour le thé

Jardin de la Fondation nationale des Sciences Politiques

27, rue Saint-Guillaume et 56, rue des Saints-Pères
Métro : Bac, Sèvres-Babylone
Bus : 39, 63, 68, 69, 83, 84, 86, 87, 94
Accès réservé aux élèves ou soumis à autorisation

L'hôtel du 27, rue Saint-Guillaume fut la demeure prestigieuse de Gabriel de Mortemart, proche de Louis XIII puis de Louis XIV et père de la marquise de Montespan.
L'hôtel des Cossé-Brissac, rue des Saints-Pères, fut la propriété des éditeurs Firmin-Didot jusqu'à leur expropriation en 1946. Il accueillit alors provisoirement (jusqu'en 1978 !)la toute nouvelle École nationale d'Administration (ENA). D'importants travaux ont défiguré les hôtels d'origine, mais le jardin permet d'imaginer ce qu'était le faubourg Saint-Germain et les parcs contigus aux hôtels aristocratiques de l'Ancien Régime.

Cour du Murier de l'École nationale des Beaux-Arts

14, rue Bonaparte
Métro : Saint-Germain-des-Prés
Bus : 24, 27, 39, 63, 70, 86, 87, 95, 96
Visite guidée le lundi après-midi sauf pendant les vacances scolaires. Prendre rendez-vous auprès du service de la communication : 01 47 03 50 74

Comment ne pas tomber sous le charme de ce cloître situé à l'intérieur de l'École nationale des Beaux-Arts dont les bâtiments sont répartis sur plus de 2 ha ? La chapelle et le cloître (XVIIe siècle) faisaient partie du couvent des Petits-Augustins, réaménagé par l'architecte Félix Duban (1797-1872). Aujourd'hui, arcades, fontaine aux allures Renaissance, sculptures antiques (voir page de droite), sans oublier le vieux mûrier, donnent l'illusion d'être dans un palais florentin.

Dans un passage pavé Louis XIII
L'Heure Gourmande
22, passage Dauphine, 01 46 34 00 40 (25 €)
Ouvert tous les jours de 11 h 30 à 19 h

Pour réviser ses classiques au soleil (même les abat-jour des lampes à l'intérieur sont en parchemin !)
Café des Lettres
52, rue de Verneuil, 01 42 22 52 17 (30 €)
Ouvert du lundi au samedi de 9 h à 23 h,
Brunch le dimanche

L'œuvre singulière d'un artiste japonais

Jardin de l'Unesco

7, rue de Fontenoy
Métro : Ségur, Cambronne
Bus : 28
Visites guidées du jardin sur rendez-vous (01 45 68 10 00)

Don du gouvernement nippon, ce jardin de 1 700 m² fut créé par un sculpteur. Isamu Noguchi, né à Los Angeles d'un père poète japonais, et d'une mère écrivain américain, a passé son enfance au Japon dont un certain temps dans un temple zen. À 14 ans, baigné de culture japonaise, il retourne aux États-Unis. Le jardin de l'UNESCO est une création artistique personnelle dont la conception s'éloigne des normes traditionnelles des jardins japonais mais en garde l'esprit.

En voici la preuve par sept :
• l'ensemble du jardin s'offre au regard de la plate-forme ou jardin haut (*butai*). Or, traditionnellement, un jardin japonais doit se découvrir petit à petit ;
• les axes (l'axe allant de la plate-forme jusqu'au lieu réservé à la cérémonie de thé en plein air, l'axe du sentier fleuri et du ruisseau, l'axe allant du pont bombé à la lanterne) sont très visibles, ce qui n'est jamais le cas habituellement ;
• les limites entre les différents matériaux ou espaces sont clairement marquées alors qu'elles sont volontairement très floues dans les jardins traditionnels. Les espaces sont autonomes, chacun est une sculpture spécifique ;
• la présence du bitume est un élément très choquant pour un Japonais. C'est une forme fixe, donc, ici encore, une sculpture ;
• la création humaine prend le pas sur la nature, c'est là un trait essentiel des jardins contemporains ;
• le sentier fleuri et la plate-forme, qui ne sont pas des éléments traditionnels d'un jardin, sont néanmoins empruntés à d'autres domaines de la culture du Japon (le théâtre, la construction, etc.) ;
• l'entretien d'un jardin japonais relève d'une création au quotidien qui en fait son charme. L'empreinte d'Isamu Noguchi est si forte sur ce jardin que son entretien ne permet pas d'évolution créative traditionnelle.

Le jardin est néanmoins d'autant plus japonais qu'il fut réalisé par Toemon Sano,seizième d'une lignée de jardiniers célèbres. Par exemple, la façon de disposer les 80 t de pierres expédiées du Japon est fondamentalement classique. Les plantations choisies sont les plus proches des paysages naturels nippons et permettent au visiteur de ressentir le changement des saisons.

Le très contesté mur de la Paix

Parc du Champ-de-Mars

Accès : quai Branly, avenue de La Motte-Picquet, avenue de La Bourdonnais et avenue de Suffren
Métro : École-Militaire, RER : Pont-de-l'Alma
Bus : 28, 42, 69, 80, 82, 87, 92

Il y a loin de la fête de la Fédération rassemblant 300 000 citoyens (le 14 juillet 1790 pour l'anniversaire de la prise de la Bastille) aux manifestations paisibles de l'an 2000. Le mur pour la Paix, œuvre d'une artiste, Clara Halter, et d'un architecte, Jean-Michel Wilmotte, est un monument de verre, d'acier et de bois exotique, construit pour vivre, évoluer et recevoir des messages de paix du monde entier (à glisser entre les parois de verre ou à envoyer par Internet : www.murpourlapaix.org, dont il se nourrit et qu'il rediffuse.
Enrichi de la multiplicité des langages, ce mur de l'espoir se veut ouvert et lumineux, prêt à encourager tous ceux, célèbres ou anonymes, pour qui la paix vaut tous les engagements.
Ce travail n'était pas destiné à rester. Une dizaine d'années après, il est encore là et sa présence incongrue dans la perspective du Champ-de-Mars est loin de faire l'unanimité. Souhaitons qu'il soit aussi provisoire que la Tour Eiffel et que la paix ne reste pas seulement des mots.

Clins d'œil

Les joueurs de carte

Une version contemporaine du célèbre tableau de Paul Cézanne, revu à la manière *Plan Vigipirate*. Dans la fraîcheur des frondaisons du Champ-de-Mars, peut-on trouver mieux qu'une cagette posée sur une poubelle comme table à jeux ?

Une tour Eiffel, comme s'il en poussait

Les botanistes auront bien du mal à nommer cette plante centenaire qui pousse dans un pot Médicis du parc. Les touristes qui la connaissent bien, l'ont découverte lors de l'Exposition universelle de 1889 ; cette variété de plante vivace attire le monde entier.

L'esplanade où elle est cultivée présente deux types de jardins : l'un *à la française* au centre, très géométrique avec ses allées droites et ses gazons (où se promènent les étrangers), l'autre *à l'anglaise*, avec ses bosquets, ses allées sinueuses, ses massifs de fleurs et d'arbustes (que fréquentent les Français : personnes âgées, joueurs de boules ou de cartes, nounous avec leurs bébés...). Ne vous y trompez pas !

Les jardins cachés de l'église évangélique

Jardin de l'église évangélique luthérienne (Saint-Jean)

147, rue de Grenelle
Métro : La Tour-Maubourg
Bus : 8, 28, 69

Franchissant les grilles de ce jardinet de 960 m^2 créé en 1990, vous oubliez immédiatement que vous êtes à Paris.
Avec ses allures villageoises, l'église évangélique luthérienne Saint-Jean est entourée d'espaces aménagés pour les petits et, à l'arrière, pour les plus grands (une école a ici sa cour de récréation).
Au printemps, les arbres en fleurs explosent comme feu d'artifice ; c'est un lieu sans prétention qu'il est agréable de découvrir.

Parterres et jardin en l'air

Jardins du musée du Quai Branly (Arts premiers)

55, quai Branly
01 56 61 70 00
Métro : Trocadéo, RER : Iéna
Bus : 9, 42, 63, 72, 80, 82, 92

Si le besoin de nature s'impose et que le terrain fait défaut, quoi de plus astucieux qu'un mur végétal ? Cette forme de jardin, planté à la verticale, entretenu selon des données informatisées, a été inventée par le botaniste Patrick Blanc au terme de 30 ans d'observation à travers le monde.
Sur une surface de 800 m², s'acclimatent ici, depuis 2004, plus de 15 000 plantes de 150 espèces différentes provenant du Japon, de Chine, des États-Unis et d'Europe centrale. Il serait conçu pour 30 ans ; nous lui en souhaitons bien davantage !
Autour du musée, le jardin de 18 000 m², créé en 2006 par Gilles Clément, veut donner « une impression de foisonnement, un écrin naturel pour les collections. Sentiers, petites collines, chemins dallés de pierres de torrent, bassins propices à la méditation et à la rêverie, amphithéâtre ouvert où se donnent spectacles, conférences et concerts. Féérie assurée pour les promeneurs du soir.

Une double terrasse face au Moai en basalte de l'île de Pâques
Café Branly
Jardins du musée du quai Branly, 01 47 53 68 01 (10-23 €)
Ouvert les mardi, mercredi et dimanche de 9 h à 18 h, du jeudi au samedi de 9 h à 20 h

Plus haut, pour un face à face avec la Dame de Fer
Les Ombres
Musée du quai Branly, 01 47 53 68 00 (50 €)
Ouvert du mardi au dimanche midi et soir

Pages suivantes, jardins du musée du Quai Branly.

Plantes bibliques pour un presbytère

Jardin du presbytère de l'église Saint-François-Xavier
39, boulevard des Invalides
Métro : Saint-François-Xavier
Bus : 82, 87, 92

À moins d'aller personnellement rendre visite à un prêtre de la paroisse qui vous ferait les honneurs de ce lieu secret, il faudra attendre le dimanche de la fête des Jardins de Paris pour avoir le plaisir de visiter cet enclos de 500 m² où légumes, fleurs, plantes médicinales se mêlent harmonieusement. Les plates-bandes bordées de buis sont entretenues depuis 30 ans par Colette Briot, une jardinière bénévole qui privilégie plantes et arbres fruitiers ayant un rapport avec la Bible ou l'Église.
Ainsi trouve-t-on la passiflore et la monnaie du pape, un poirier « du curé » comme il se doit, du fusain bonnet de prêtre ou encore de ravissantes pâquerettes, ces fleurs qui fleurissent pour Pâques.
Le lin évoque les vêtements sacerdotaux, la ronce le semeur de l'Évangile qui sème au milieu des épines. Comme dans tous les jardins de curé, poussent ici une vigne et bien entendu des plantes médicinales (camomille, millepertuis...).
« Je ne demande rien à la Paroisse, chaque plante est un échange, une trouvaille, un don, une histoire... » dit notre talentueuse jardinière.

Près d'une aérogare qui rime avec bagages et voyages, une terrasse-escale-escapade de plein air, l'estomac bien vissé sur de savoureux horizons culinaires
Chez Françoise
Aérogare des Invalides 01 47 05 49 03 (30 €)
Ouvert du lundi au dimanche de 12h à 15h et de 19h à minuit

Petit coin de bonheur au bout de l'impasse

Square Récamier

Accès : sur la place Le Corbusier, prendre la rue Récamier jusqu'au bout
Métro : Sèvres-Babylone
Bus : 39, 63, 68, 83, 84, 87, 94
Superficie : 1 438 m²
Date de création : 1933

Dans une impasse loin du bruit
La Cigale Récamier
4, rue Récamier
01 45 48 86 58 (40 à 50 €)
Ouvert du lundi au samedi midi et soir

C'est un minuscule nid de verdure posé au milieu des immeubles qui le dominent. Dans un fouillis de fleurs, d'arbres et d'arbustes, de buttes, de recoins, un escalier glisse sous une pergola, une terrasse devient point d'observation. L'été, un gros figuier diffuse un parfum âcre et sucré. Les rhododendrons jouxtent des variétés exotiques comme le poivrier du Setchuan ou poivre rose provenant de Chine ou d'Himalaya (*Xanthoxylum simulans* et *Xanthoxylum alatum*) ou le sumac de Chine (*Rhus chinensis*) formant des bosquets suffisamment denses pour que les enfants n'y pénètrent pas au cours de leurs folles poursuites...

De l'exotisme dans le quotidien

Square Boucicaut

Accès : rue de Sèvres, rue de Babylone, rue Velpeau, boulevard Raspail
Métro : Sèvres-Babylone
Bus : 10, 12, 39, 63, 68, 83, 84, 87, 94

Dans ce square souvent traversé à pas pressés, où les enfants courent de tous côtés, où les employés aiment s'asseoir au soleil pour avaler rapidement leur repas, voilà que l'on trouve à l'ombre des platanes et des érables negundo, un sentier savant où toutes les plantes sont étiquetées. Tant pis si les bambins confectionnent parfois de jolis petits fagots de pancartes ; avec persévérance, et une once de désespoir, les jardiniers patiemment les replanteront !
Les variétés, nombreuses, viennent du monde entier : plantes exotiques d'Australie, Nouvelle-Zélande, Sud-est de l'Amérique du Nord, Chili, Saint-Domingue, Asie comme les palmiers, les lins, les grandes sauges et les conifères asiatiques sans oublier les araucarias du Chili au graphisme si particulier ; plantes aquatiques rares, plantes de la zone de lisière fraîche et vivaces d'ombre ou demi-ombre fraîche... Plus d'un millier de plantes « d'ailleurs » qui nous font voyager. Chapeau bas Mesdames et Messieurs les jardiniers !

Dans le square aussi

La généreuse madame Boucicaut

Madame Aristide Boucicaut, épouse de l'inventif fondateur du Bon Marché, accompagnée de son amie, la baronne Hirsch, semble sortir d'un bosquet et descendre un escalier pour s'approcher d'un petit garçon pauvre à qui elle remet une aumône.Madame Boucicaut, née « d'une fille mère et d'un père qui avait disparu sans laisser d'adresse », était venue de sa Saône-et-Loire natale. Elle travaillait dans un bouillon-traiteur où elle rencontra son futur époux qui y déjeunait quotidiennement. Ce monument, sculpté en 1914, touchant par sa modestie, illustre le petit geste d'une généreuse donatrice qui, par ailleurs, dota les hôpitaux de Paris d'un établissement qui porte son nom.

À voir de l'autre côté du Bon Marché

Square des Missions étrangères

Accès : 105-107, rue du Bac

Rien d'étonnant à ce que Châteaubriand reçoive les honneurs de ce square. Il habitait dans la rue, juste à côté de la maison des Missions étrangères. La grande fresque sur le mur à droite de l'entrée est un authentique trompe-l'œil que l'on distingue mal de l'ombre véritable des peupliers. Souvent, les deux se mêlent et s'emmêlent.

Jardin privé des Missions étrangères

128, rue du Bac
Pour rendez-vous : 01 44 39 92 01
Site : http://128.mepasie.org

Il est ouvert lors des journées du Patrimoine ou à l'occasion de visites organisées pour les groupes. De sa fenêtre, René de Chateaubriand pouvait admirer ce jardin qu'il a plusieurs fois évoqué dans ses écrits. L'on doit au fondateur du séminaire des Missions étrangères, Bernard de Sainte-Thérèse, évêque de Babylone, le nom de la rue éponyme.

Dans le jardin de prestige à la française d'un hôtel particulier du XVIIIe siècle en plein Faubourg Saint-Germain

Maison de l'Amérique Latine

217, boulevard Saint-Germain, 01 49 54 75 10 (50 €)
Metro : Solférino
Ouvert midi et soir du lundi au vendredi. Fermé le soir d'octobre à avril.

Le charme discret d'un jardin de couvent

Jardin Catherine-Labouré

33, rue de Babylone
Métro : Sèvres-Babylone ou Saint-François-Xavier
Bus : 82, 87, 92

Les Filles de la Charité portent bien leur nom pour avoir ouvert au public, en 1978, leur pré carré de 7 000 m² dont l'entretien fut concédé à la Ville de Paris. Dès le portail franchi, seule ouverture dans le long et trop gris mur de la rue de Babylone, nous voici éblouis par ce lieu d'autrefois adapté aux visiteurs d'aujourd'hui. Avec ses plates-bandes potagères ou fleuries, son jardin de simples et de plantes aromatiques, son verger et sa vigne en tonnelle, il garde très présent le charme discret d'un passé monastique, un caractère vieillot et champêtre, pour ne pas dire provincial. L'harmonie est parfaite entre la mémoire et le futur, entre les personnes âgées assises sous la treille et les enfants qui fêtent leur anniversaire, apprennent le jardinage ou découvrent la nature dans l'atelier à leur disposition ici depuis de longues années.
On remarquera avec nostalgie l'adorable maisonnette adossée au mur de clôture. Derrière, de l'autre côté de la rue, s'étend le plus grand jardin privé de Paris ; celui de l'hôtel Matignon où, selon la coutume, chaque Premier Ministre, lors de sa nomination, plante un arbre.

L'odeur de la papaye verte

Le jardin du cinéma La Pagode
57 bis, rue de Babylone
01 45 55 48 48
Métro : Saint-François Xavier ou Sèvres-Babylonne

Dans ce 12e arrondissement riche en espaces verts, ne subsiste, en revanche, qu'un cinéma. Ses salles installées dans une véritable pagode ouvrent sur un minuscule jardin : un ravissant petit coin d'une Asie imaginaire. Par dévotion conjugale, monsieur Morin, ancien directeur du Bon Marché, offrit à son épouse cette pagode, venue d'Asie par bateau et remontée pierre à pierre en 1896 par l'architecte Alexandre. En 1931, on y installa un cinéma d'art et d'essai. Les dragons, la lanterne, la végétation dense des bambous et le beau ginkgo biloba donnent soudain l'impression d'être à mille miles de Paris.

À cinq minutes

LE JARDIN DU MUSÉE RODIN
77, rue de Varenne
Métro : Varennes
Ouvert de 10 h à 18 h, sauf le lundi

Par sa sérénité, son charme, sa promenade d'une œuvre à l'autre, il est l'un des plus attachants et des plus accueillants jardins de Paris. Bien que diminué de près de la moitié de sa superficie, il a gardé tout l'esprit des hôtels particuliers du XVIIIe siècle.

Une pause café-méditation pour s'offrir des pensées fleuries, auprès de l'Auguste Maître et de son génial Penseur
Le Jardin de Varenne, cafétéria du musée Rodin
01 45 50 42 34 (10-12 €)
Ouverte de 9 h 30 à 18 h 30 du 1er avril au 30 septembre et de 9 h 30 à 16 h 30 du 1er octobre au 31 mars.

Où Garnerin inventa le parachutisme

Parc Monceau

Accès : boulevard de Courcelles, avenue Vélasquez, avenue Van Dyck, avenue Ruysdaël
Métro : Monceau
Bus : 30, 84, 94

En octobre 1997, on inaugurait, dans une allée sud du parc Monceau, une plaque commémorant le premier saut en parachute de l'histoire. Il aura fallu exactement 2 siècles pour honorer André-Jacques Garnerin, l'intrépide inventeur.

L'idée de sauter avec un dispositif de toile et de cordes lui serait venue en cherchant à s'évader de la forteresse de Bude en Hongrie. Finalement, la tentative n'eut pas lieu en raison d'un échange de prisonniers !

En revanche voici le récit que fit le savant astronome Lalande : « Le 1er brumaire de l'an VI (22 octobre 1797) à 5 h 28 mn du soir, le citoyen Garnerin s'éleva « à ballon perdu » au parc Monceau. L'intérêt et l'inquiétude étaient peints sur les visages. Lorsqu'il eût dépassé la hauteur de 350 toises, il coupa la corde qui joignait son parachute à l'aérostat : ce dernier explosa et le parachute sous lequel Garnerin était placé descendit très rapidement. Il prit un mouvement d'oscillation si effrayant qu'un cri d'épouvante s'échappa des spectateurs et des femmes sensibles se trouvèrent mal. Cependant, Garnerin descendit sur la plaine Monceau, sauta à cheval et revint au parc

Monceau au milieu d'une foule immense qui montrait son admiration pour le talent et le courage de ce jeune aéronaute. En effet, le citoyen Garnerin est le premier qui ait osé entreprendre cette expérience hasardeuse. »

À voir aussi dans le parc

Les folies du duc de Chartres

C'est à un auteur dramatique, dessinateur et peintre, que le duc de Chartres confie en 1778 la création de son jardin dans la plaine Monceau. Carmontel invente là une folie, à la manière anglo-chinoise très en vogue au xviiie siècle qui évoque « dans un seul jardin tous les temps et tous les lieux » : l'égypte par une pyramide, la Grèce par des ruines, Rome par une naumachie, la Tartarie par une tente exotique, la Hollande par un moulin, l'Italie par une vigne... Les gravures de l'époque montrent même dans le parc un chameau. Et la comédie se poursuivait avec des serviteurs costumés à l'orientale, comme au théâtre.

Ruines, faux tombeaux, pyramide et naumachie jalonnent aujourd'hui le parcours des joggeurs qui font le tour du parc soit exactement un kilomètre !

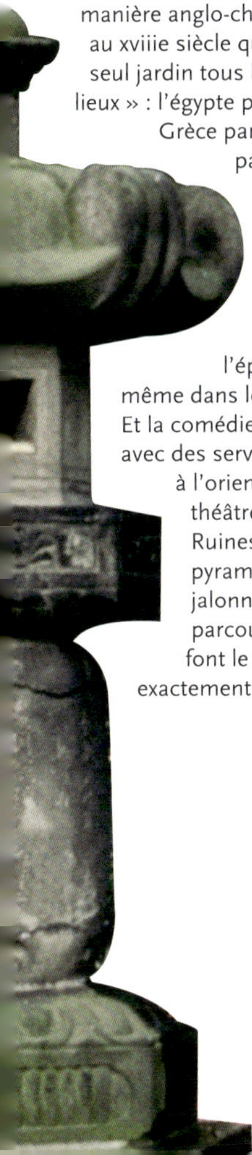

Pages suivantes : le parc Monceau sous la neige.

Au menu, le parc et ses frondaisons !
Une table de rêve pour prolonger une balade apéritive
Les Salons du Parc Monceau
8, rue Alfred de Vigny, 01 46 22 25 39 (20 €)
Ouvert tous les jours de 19 h à 20 h, sauf mardi et samedi

AVENUE
FERDOUSI

Un jardin qui va droit au ciel

Jardin vertical du Pershing Hall Hôtel

49, rue Pierre Charron
Métro : Georges V
Bus : 32

L'hôtel Pershing Hall garde le souvenir du général américain qui y résidait pendant la Première Guerre mondiale. Dans ce temple du raffinement, décoré par la styliste Andrée Putman, tout est luxe, lumière et sobriété.
Le plus étonnant, assurément, reste son jardin vertical, créé par Patrick Blanc. 300 essences différentes se mêlent avec bonheur sur un bel espace de 450 m² environ qui culmine à 30 m. Au sommet s'épanouissent plantes vivaces et arbustes rustiques à l'air libre toute l'année ; dans la partie inférieure, couverte l'hiver, des végétaux exotiques sont protégés du froid par des panneaux-plafonds coulissants. Été comme hiver, ce puits de fraîcheur et de rêve est un lieu idéal pour se reposer, prendre un verre ou un repas.

Au pied du mur végétal,
sous une cascade de verdure
Hôtel Pershing Hall
01 58 36 58 00 (60-80 €)
Ouvert du lundi au samedi de 12 h à 15 h et de 20 h à minuit
Brunch le dimanche de 12 h à 16 h

Dans un patio de style Art déco
Jardin des Cygnes
Hôtel Prince de Galles
33, avenue Georges V
01 53 23 77 77 (60-105 €)
Ouvert du lundi au samedi de 12 h à 22 h
Brunch le dimanche de 11 h 30 à 14 h

Pas laid du tout

Jardin du musée du Petit Palais

01 53 43 40 00, www.petitpalais.paris.fr
Avenue Winston Churchill
Ouvert de 10 h à 18 h sauf lundi et jours fériés
Métro : Champs-Élysées-Clémenceau
Bus : 42, 72, 73, 80, 83
Accès gratuit

Les Parisiens reçurent pour Noël 2005 un magnifique cadeau : le musée du Petit Palais entièrement rénové après 4 ans d'énormes travaux. À cette occasion, le jardin intérieur fut redessiné et replanté. Des palmiers en caisse, quelques bananiers et autres plantes exotiques très en vogue au début du XXe siècle, ont pris place au bord des allées.
Sur les plates-bandes, les graminées ondulent légèrement au vent tandis que, dans les bassins de mosaïque bleue et or, se dessine le reflet des somptueux bâtiments. Voici un ensemble parfaitement harmonieux, raffiné et hors des circuits fréquentés par les touristes.

Sous le péristyle, face au bassin
Le Jardin du Petit Palais
01 40 07 11 41 (15 €)
Ouvert du mardi au dimanche de 10h à 17h, le jeudi jusqu'à 19h

Un régal unique pour tous les sens
Pavillon Ledoyen
Carré des Champs-Élysées
1, avenue Dutuit, 01 53 05 10 01 (85-290€)
Fermé samedi, dimanche, lundi midi.

La vallée suisse

Jardins des Champs-Élysées

Square Jean Perrin (angle avenue Franklin-Roosevelt et cours la Reine)
Accès : cours la Reine, avenue Franklin-Roosevelt
Métro : Champs-Élysées-Clémenceau
Bus : 28, 83, 93

Entre le Grand Palais et la Seine se cache un coin charmant, dépaysant. Il suffit de descendre quelques marches, de s'engouffrer sous un passage creusé dans la (fausse) roche envahie de lierre pour se sentir, soudain, presque seul au monde dans ce petit vallon isolé où coule un ruisseau cascadant à travers un savant désordre végétal tendrement romantique. Ce monde d'illusions avec rocailles, petit pont et sentier sinueux fut créé par Alphand. Voici un lieu idéal pour donner un rendez-vous galant... au risque cependant que votre amoureux ne parvienne pas à le trouver !

À voir en passant

Le Panorama de Davioud

À l'arrière du théâtre du Rond-Point

Cette rotonde, patinoire devenue théâtre, est une sorte d'ancêtre des salles de cinéma. Conçue par Gabriel Davioud (1823-1881), prix de Rome, « architecte en chef des promenades et plantations », auteur de nombreux édifices parisiens, elle était destinée à présenter des panoramas sur 360°.

Après le siège de Sébastopol, Napoléon III envoya ainsi en mission le peintre d'histoire Jean-Charles Langlois (1789-1870) accompagné d'un jeune photographe, Eugène Méhédin (1828-1905), pour représenter cette campagne de la guerre de Crimée. Pour la première fois de l'histoire, les esquisses furent remplacées par des photographies prises à 360° du sommet de la tour Malakoff, point stratégique de la défense de la ville. De retour à Paris, le peintre réalisa à partir de ces photos de grandes toiles qui furent installées dans la rotonde. Ouvert au public à partir d'août 1860, le Panorama connut un succès populaire immédiat. Un panorama de Solférino, également peint par Langlois, succéda à celui de Sébastopol. Le Musée d'Orsay conserve les 14 clichés qui, mis bout à bout forment un panorama complet. En face, de l'autre côté des Champs-Élysées, Charles Garnier, l'architecte de l'Opéra, construisit en 1883 un second Panorama, aujourd'hui remplacé par le Théâtre Marigny.

Le théâtre des marionnettes des Champs-Élysées

Angle avenues Matignon et Gabriel, à côté des marchands de timbres
Spectacle à 15 h, 16 h, 17 h (durée : 20 à 30 mn)
01 42 45 38 30

Le plus ancien spectacle de marionnettes de Paris, fondé puis animé fort longtemps par la famille Guentler, est là depuis 1818. « C'est un véritable lieu de mémoire collective » déclare José Luis Gonzales (6e génération de marionnettistes) qui vient de publier les pièces classiques du répertoire du guignol traditionnel parisien : *Le voleur volé, Promenade mouvementée, Le marchand de coups de bâton* aux très sérieuses éditions du Seuil. Belle initiative !

Un jardin-restaurant caché derrière les haies, juste à côté de la fontaine de Hittorff
Laurent
41, avenue Gabriel, 01 42 25 00 39 (160 €)
Fermé samedi midi, dimanche et jours fériés.

Le rendez-vous des épicuriens sous les parasols de la terrasse ombragée
Pavillon Élysée Lenôtre
10, avenue des Champs Elysées, 01 42 65 85 10 (55 €)
Ouvert tous les jours midi et soir sauf dimanxhe soir

Une halte de verdure près de l'Étoile

Jardin de l'hôtel Salomon de Rothschild
Place Georges Guillaumin, rue Balzac
Métro : Charles de Gaulle-Étoile
Bus : 22, 43, 52, 83, 93

Ce jardin n'est qu'une toute petite partie de la célèbre Folie Beaujon, demeure campagnarde qui s'étendait jusqu'aux Champs-Élysées et construite en 1784 pour Nicolas Beaujon, banquier à la Cour de Louis XVI. Devenue un lieu de divertissement avec guinguettes et attractions foraines, la Folie fut rasée en 1874 par la baronne Salomon de Rothschild et remplacée par l'hôtel que l'on voit aujourd'hui. Généreuse, Ève de Rothschild légua son hôtel et ses collections à l'État qui devait y installer une maison d'Art : sa volonté fut respectée puisque la Fondation nationale des Arts graphiques l'occupe aujourd'hui. Le jardin de 4 250 m², ouvert au public depuis 1998, mais encore peu connu, est un havre de paix en retrait de la circulation et de l'agitation du quartier. Les fins de journées y sont particulièrement délicieuses lorsqu'au soleil couchant l'ombre des arbres dessine de grandes traînées abstraites sur le gazon clair.

Pour un authentique festin de Babette version nordique : verdure et saumure à profusion
Flora Danica - La Maison du Danemark
142, avenue des Champs-Élysées,
01 44 13 86 26 (34-61 €)
Ouvert tous les jours midi et soir
Brunch dimanche

Sur une étroite terrasse dominant les lions de la cour du musée
Le Café Jacquemart-André
Musée Jacquemart-André,
158, boulevard Haussmann, 01 45 62 11 59 (20-25 €)
Ouvert tous les jours de 11 h 45 à 17 h 30
Brunch le dimanche

Un jardin qui a pris des couleurs

Square Louis XVI

Accès : boulevard Haussmann, rue des Mathurins, rue Pasquier, rue d'Anjou
Métro : Saint-Augustin, Saint-Lazare

Les enfants jouent, joyeux et nombreux, dans ce petit square. Se doutent-ils qu'un jour ils apprendront à l'école l'histoire de ce Louis « le dernier », comme l'appelaient les révolutionnaires, mort guillotiné sur l'actuelle place de la Concorde le matin du 21 janvier 1792 ? Peuvent-ils imaginer que sous leurs pâtés de sable était la fosse où furent jetés les corps de Louis XVI puis, quelques mois plus tard, de son épouse Marie-Antoinette ? Ils y reposèrent pendant 21 ans. Ce square de 4 181 m², créé en 1865 à la place du cimetière Sainte-Madeleine, est dédié à la mémoire du monarque. Le mausolée que l'on voit aujourd'hui fut érigé beaucoup plus tard sous la Restauration. Les jardiniers, attentifs à la symbolique des plantes, cultivaient traditionnellement ici des fleurs blanches. Depuis 2005, tout a repris vie gaiement et... en couleurs.

Un refuge bucolique face à la fontaine romaine
Le Marcande
52, rue de Miromesnil,
01 42 65 19 14 (40-60 €)
Fermé samedi midi, dimanche et jours fériés

Un restaurant étoilé d'été sur 1000 m² de jardin, en plein coeur du Paris du luxe et de l'élégance
Restaurant de l'hôtel Bristol
112, rue du Faubourg Saint-Honoré, 01 53 43 43 40 (170 €)
Ouvert midi et soir d'avril à septembre

Un jardin de curé

Jardin du presbytère de l'église Saint-Philippe-du-Roule
7, rue de Courcelles
Métro : Saint-Philippe-du-Roule
Bus : 28, 32, 52, 80, 83, 93

Au départ, il y avait un jardin cultivé par son curé comme partout ailleurs à l'ombre des presbytères de France. Un beau jour, il laissa ce travail aux jardiniers de la Ville de Paris.
Dans un jardin de curé, se dirent-ils, il y a traditionnellement des légumes pour se nourrir, des aromates et des simples pour les tisanes et pour guérir certains maux, des fleurs pour décorer l'église, souvent aussi quelques arbres fruitiers. Alors, ils tracèrent une grande croix au milieu de la parcelle, dessinant ainsi les quatre carrés nécessaires. Dès la première année, ce fut une réussite. Tomates, concombres, aulx, oignons, artichauts, fraises ou framboises se mirent à mûrir entre les capucines et les pivoines épanouies. Mais, pensèrent-ils, il manque quelque chose pour donner plus de relief. L'idée leur vint d'installer une gloriette qu'ils confectionnèrent eux-mêmes avec des ferrailles récupérées. Ils y firent grimper des liserons bleus et des passiflores. C'était une merveille. L'année suivante, ils terminèrent leur construction par une figure de faîtage : un coq, symbole chrétien et républicain, qu'ils forgèrent patiemment de leurs propres mains. Mais aujourd'hui, l'équipe de jardinage ayant changé, en partant leur coq ont emporté !
Le jardin, fermé par des grilles, reste visible de l'extérieur lorsque l'église est ouverte. Toutefois, il est accessible pour la fête des Jardins en septembre, au moment où les cucurbitacées rampent doucement mais sérieusement vers le presbytère. « Un jour, dit un prêtre, ce ne sera plus moi qui vous recevrai dans mon salon, mais les citrouilles ! ».

À voir tout près

UN MUR QUI SE VÉGÉTALISE
Avenue Myron-Herrik
La mode des murs peints laisse place à de nouvelles œuvres, horticoles. Comme un peintre, Sophie Dobler, la paysagiste, a dessiné les figures puis posé côte à côte les touches végétales qui évolueront au fil des saisons et prendront différentes couleurs, différentes textures.

Sous le signe de la Sainte-Trinité

Square d'Estienne-d'Orves

Place d'Estienne d'Orves
Métro : Trinité
Bus : 26, 32, 43, 68, 81

Ce jardin et sa fontaine, comme l'église dédiée à la Sainte Trinité, sont l'œuvre de l'architecte Théodore Ballu qui décline symboliquement le nombre trois : le grand bassin, situé sous les trois arches du porche de l'entrée principale, est constitué de trois fontaines à trois vasques chacune. Ces fontaines sont dominées par trois femmes qui symbolisent les vertus théologales : la Foi, l'Espérance et la Charité. L'Espérance réunit trois enfants qui ont à leurs pieds trois jarres de bronze d'où jaillit l'eau. Trois ne font qu'Un : le jardin est tel un coussin sur lequel serait posée l'église et lui fait également office de vestibule. Et pour rester dans la logique, 30 arbres y sont plantés !

Sous les fenêtres de Monsieur le Maire

Jardin de la mairie du 9e
6, rue Drouot
01 71 37 75 09
Métro : Richelieu-Drouot, Le Pelletier
Bus : 39, 48, 67, 74, 85

Comme tous les hôtels particuliers, la mairie du 9e arrondissement, installée dans l'hôtel d'Augny (XVIIIe siècle), est située entre cour et jardin. Mais ce jardin est réalisé par une équipe horticole peu ordinaire qui associe les enfants d'une école maternelle aux jardiniers de la Ville : les bambins citadins découvrent, sentent, récoltent et sont un peu chez eux dans ce carré de légumes où poussent courgettes, aubergines, piments, artichauts, potirons devant 28 paires d'yeux admiratifs. Ce potager rivalise fièrement avec le carré de fleurs multicolores qui, de l'autre côté de l'allée centrale, s'épanouit sous les fenêtres de Monsieur le Maire.
Une belle initiative qui apporte une indéniable touche de tendresse dans l'austérité d'un lieu administratif.

Pour une pause gourmande post-shopping avec vue spectaculaire sur Paris
Le Déli-Cieux
Au dernier étage du Printemps Haussmann, métro : Havre-Caumartin
64-66, boulevard Haussmann, 01 42 82 58 84 (15-20 €)
Ouvert du lundi au samedi de 10 h à 19 h

LIBERTE EGALITE FRATERNITE

La vigne des pompiers

Vigne de la caserne des pompiers de la rue Blanche

22-26, rue Blanche
Métro : Liège, Trinité
Bus : 26, 32, 43, 68, 74, 81, 95

En souvenir du vignoble qui autrefois occupait le quartier, les pompiers de la rue Blanche ont eu la joyeuse idée de planter des ceps dans la cour de leur caserne, au pied du mur de la façade. Les vignes s'étirent à la recherche du soleil le plus haut possible.
Chaque automne, les vendanges sont faites... et c'est la fête !
Les riverains, les passants sont invités : il y a de la musique et l'on danse gaiement sous la tonnelle.
Les raisins sont pressés, le jus mis en bouteilles.
Si un jour vous entendez parler du Château Blanche, vous voici prévenus.

Dites-le avec des fleurs ou des feuillages, dans ce patio arboré, où il fait bon couler des heures heureuses et amoureuses
Restaurant de l'hôtel Amour
8, rue Navarin
M° Pigalle ou Saint-Georges
01 48 78 31 80 (40-50 €)
Ouvert tous les jours midi et soir
Brunch le dimanche

Un jardin si romantique

Jardin du musée de la Vie romantique

16, rue Chaptal
01 55 31 95 67
Ouvert de 10 h à 18 h du mardi au dimanche (sauf jours fériés). Entrée libre pour le jardin
Métro : Saint-Georges, Blanche, Pigalle
Bus : 67, 68, 74

Rue Chaptal, un gros marronnier invite à s'engager dans une petite allée aux allures villageoises au fond de laquelle la maison et son jardin ne semblent pas avoir beaucoup changé depuis un siècle et demi : ce fut la propriété du peintre Ary Scheffer (1795-1858). Dans ce quartier, baptisé *la Nouvelle Athènes*, habitaient de nombreux écrivains, peintres ou musiciens. Ici venaient fréquemment, en voisins, George Sand et Chopin. Dans ce jardin clos où le chant des oiseaux n'est perturbé par aucun bruit de la ville environnante, vous aurez la possibilité, l'été, de déguster les cakes du célèbre pâtissier Bertrand qui installe sous la verrière, pour notre grand plaisir, le plus romantique salon de thé de Paris.

Un des plus romantiques salons de thé, d'été, dans le jardin confidentiel du musée, en compagnie de George Sand, à jamais hôtesse du lieu

Un thé dans le jardin

Musée de la Vie romantique, 01 55 31 95 67 (15-30 €)
Ouvert du mardi au dimanche d'avril à octobre de 11 h 30 à 17 h 30
Brunch samedi et dimanche

Le petit square des Catherinettes

Square Montholon

79, rue Lafayette
Accès : rue Rochambeau, rue Pierre-Sémard, rue La Fayette, rue Mayran
Métro : Poissonnière

Bien que de superficie modeste (4 571 m^2), ce square, crée par Alphand en 1863 et remanié plusieurs fois, a le (minuscule) privilège d'être l'un des plus vastes espaces verts du 9e arrondissement.
Deux énormes platanes d'Orient, plus que centenaires (l'un d'eux planté en 1872 a dépassé 30 m de haut), ont résisté au creusement du parking. Sous leur frondaison, la plaisante sculpture de Julien Auguste Lorieux (1876-1915), intitulée *La Sainte-Catherine*, évoque la tradition des cousettes parisiennes qui fêtent les célibataires le 25 novembre, jour de la Sainte-Catherine : pour l'occasion les demoiselles sont coiffées d'amusants bibis jaunes et verts.
Il est rare de voir ainsi évoquées dans nos rues, les coutumes du petit peuple parisien.

Pour ne pas entendre siffler le train

Square Villemin

Accès : avenue de Verdun, rue des Récollets, quai de Valmy
Métro : Gare de l'Est
Bus : 30, 31, 32, 38, 39, 46, 47, 56, 65

Si vous êtes en avance gare de l'Est, sortez et traversez la place en vous dirigeant à gauche vers le square Villemin, créé en 1977. Ce grand espace (19 000 m² environ), abondamment fleuri dès le printemps, est en parfaite osmose avec le quartier : terrain de boules, jardin partagé (proposant une activité collective de jardinage), école maternelle dont l'architecture est un jeu de volumes cubistes aussi contemporain qu'amusant et vestiges de l'hôpital militaire Villemin se découvrent au fil de la promenade. Cet hôpital fut installé en 1870 dans l'ancien couvent des Récollets pour accueillir les blessés revenant du front. Les arbres vous passionnent ? Remarquez donc ces nombreuses essences centenaires dont certaines espèces exotiques qui avaient été plantées dans l'ancien jardin de l'hôpital pour leurs vertus thérapeutiques. Quant au mûrier blanc (*Morus alba*) aux allures torturées, avec ses deux troncs, il fait partie des arbres remarquables de Paris, ce qui n'a pas l'air d'impressionner outre mesure les enfants qui adorent l'escalader sans grand respect.

À découvrir dans le square

Des HLM pour chats

Il fallait y penser... et les réaliser. Bien cachées sous les buissons ces deux cabanes sont tout à fait au goût de nos matous qui, logés confortablement, n'errent plus désespérément dans le jardin. Les « chat-elaines » du quartier leur apportent chaque jour leur nourriture ; un vétérinaire les suit et régule la population.

Ma cabane à l'hôpital

Jardins de l'hôpital Saint-Louis

Accès : 40, rue Bichat, 1, avenue Claude Vellefaux, 2, place du Dr Alfred Fournier, 16, rue de la Grange aux Belles
Métro : Gare de l'Est, Goncourt, Colonel Fabien, Jacques Bonsergent, République
Bus : 46, 75

Lors de l'épidémie de peste de 1562 qui fit 68 000 morts, l'Hôtel Dieu s'était révélé nettement insuffisant. Plusieurs années plus tard Henri IV s'en souvenant commanda la construction de l'hôpital Saint-Louis. Pouvait-il imaginer alors que le premier office religieux célébré dans la chapelle toute neuve de l'hôpital serait sa propre messe de funérailles ?

Qui donc a eu la touchante idée de construire dans cet imposant hôpital, modèle d'architecture classique, une petite cabane de bois qui intrigue, amuse, fait rêver les visiteurs comme les malades tous étonnés de trouver cette évocation enfantine dans un ensemble où personne n'a jamais songé à jouer ?

Entourée de plantations, elle peut faire songer à un chalet de montagne avec son balcon, son appentis sous lequel les bûches n'attendent que la flambée. Des skis sont posés près de la porte. L'arbuste de buis, à droite, a des allures de sapin... aurons-nous de la neige à Noël ? À chacun d'imaginer, comme l'a voulu Monsieur Chotard, le jardinier de l'hôpital ; il propose, le passant, lui, dispose.

Dans l'enceinte de l'hôpital

La cour carrée

Fermée le samedi et le dimanche

Un lieu à la fois harmonieux et grandiose, d'un calme parfait qui vous ferait facilement oublier que vous vous trouvez dans un établissement hospitalier si, sur la pelouse centrale, la plate-bande fleurie ne prenait la forme d'une immense croix évoquant l'ordre de Malte présent dans un des pavillons de l'hôpital

À voir un peu plus loin

Square Juliette-Dodu

Rue Juliette-Dodu, à l'angle de la rue Sambre et Meuse

Métro : Colonel-Fabien

Ça y est, la friche urbaine sur laquelle a failli pousser un immeuble est enfin accessible. Pour le souvenir : quelques dalles de béton et toute une végétation qui donne l'impression d'être spontanée. C'est intelligent et c'est beau.

Un jardin vertical pour la Garde Républicaine

Mur végétalisé de la caserne de la Nouvelle France
80, rue du Faubourg Poissonnière
Métro : Poissonnière
Bus : 26, 32, 42, 43, 48

Depuis 2006, devant la caserne de la Nouvelle France, les trophées, vestiges de l'ancien bâtiment, scellés au bas du mur pignon de l'immeuble voisin, sont mis en valeur par un mur végétalisé parfaitement visible de la rue. Les quatre colonnes végétales créent un jeu de miroir qui agrandit et transforme le petit bout de jardin.
Si le pari esthétique est discutable, les concepteurs, Marie Clarke et François Scali, insistent sur l'importance, pour la continuité biologique dans la ville, de ce jardin vertical, véritable maillon vert entre le square Montholon et les squares Cavaillé-Col ou Alban-Satragne.

À la bonne heure !

Jardin Émile-Gallé
Accès : cité Beauharnais, rue Neuve-des-Boulets
Métro : Charonne, Rue des Boulets

Son cadran solaire, l'un des sept plus grands d'Europe, réalisé par Daniel Bry en 1986, est d'une taille impressionnante. Les enfants y courent sans vergogne, les ballons volent et le terrain est, somme toute, bien confortable pour les rollers !
L'ombre du temps tourne, douce et silencieuse, effleurant à peine notre joyeuse marmaille...
Tout autour, sur le parapet, des sculptures de pierre de Bourgogne représentent les heures et les signes astrologiques. D'aucuns n'y prêtent guère attention : voici de belles cachettes ou de formidables perchoirs !
Au printemps, avec ou sans montre, il est très agréable de se promener sous la voûte de la tonnelle où chèvrefeuille, clématite et vigne vierge s'épanouissent en un voluptueux parfum, dans cette partie du jardin qui est hors du temps.

Rendez-vous obligé en septembre pour les vendanges, au pied même du bistro. Du Château Charonne, pur jus ! Le patron aveyronnais l'assure fièrement derrière ses belles bacchantes : « pas d'eau ici sauf pour faire bouillir les pommes de terre »
Mélac
42, rue Léon Frot
01 43 70 59 27 (30 €)
Fermé dimanche et lundi

Jacques Mélac a planté trois pieds de vigne dans sa cave en 1970. Deux ans après, ses premières vendanges lui ont donné une quarantaine de bouteille du fameux Château Charonne. Il est l'initiateur des vendanges privées de Paris où, depuis quelques années, les vignes appartenant à des particuliers se sont multipliées. On dit que cette production dépasse celle des neuf petits vignobles de la Ville (Montmartre, Morillons, Bercy, Belleville...) qui produisent à eux tous environ 11 000 bouteilles par an.

Lorsqu'un jardin caché en cache un autre

Jardin du docteur Belhomme

159, rue de Charonne
Métro : Charonne

Il faut entrer au 159, rue de Charonne et passer sous un immeuble récent pour arriver dans un grand clos de 6 337 m^2,entouré d'habitations. Ce jardin a été crée en 1975 et depuis, sa pelouse gazonnée, ses platanes, marronniers, sophoras ont dû arbitrer bien des parties de ballon. Un peu plus loin encore une surprise vous est réservée. Il faut aller voir ! Mais qui est ce docteur Jacques Belhomme, propriétaire des lieux au XVIIIe siècle ? Cet ancien menuisier avait, vers 1760, installé là une pension pour aliénés qui devint, à la Révolution, un refuge pour aristocrates et riches bourgeois qui se prétendaient malades.
En échange d'une coquette rétribution, un certain nombre évitèrent ainsi d'être jugés et condamnés à mort. Le docteur Belhomme fut dénoncé et incarcéré à Picpus (en même temps que le marquis de Sade) jusqu'à la fin de la Terreur, évitant de justesse la guillotine.

Jardin nomade Saint-Bernard

Jardin partagé
48, rue Trousseau
Métro : Ledru-Rollin

Bien abrité par deux grands murs et largement visible de la rue, ce petit jardin partagé, donné en gestion à l' Association du quartier Saint-Bernard (7, rue Dahomey, 01 40 09 12 93), est constitué de parcelles où chaque jardinier peut, à loisir, cultiver suivant son inspiration et les us et coutumes de son pays d'origine. Ainsi fait-on la moisson lorsque les blés (moins d'un mètre carré) sont à maturation ! Légumes, plantes aromatiques de nos contrées ou de pays lointains voisinent avec les fleurs les plus colorées. Mais l'originalité du lieu est certainement la cabane en parpaings de terre, construite sur le modèle et la technique des maisons africaines, par les étudiants de l'École nationale supérieure d'Architecture de Paris-La Villette.

Jetez l'ancre

Jardin du bassin de l'Arsenal

Accès : boulevard de la Bastille
Métro : Bastille

Sully, ministre de Henri IV, fut le dernier surintendant de l'Arsenal qui se trouvait à l'emplacement de ce jardin. En 1806, le canal fut creusé, ainsi que le bassin au confluent de la Seine dont il est séparé par une énorme écluse actionnée plusieurs fois par jour.
Véritable port de plaisance au cœur de Paris, avec bateaux amarrés

aux quais, restaurant, mouettes et badauds, ce jardin de plus de 10 000 m², créé par Mathieux et Eyzat en 1983, offre une éblouissante promenade particulièrement fleurie au printemps. Il est le rendez-vous privilégié des mariés qui viennent réaliser ici la photo-souvenir de leur nouvel embarquement dans la vie. Au début du mois de mai, on admirera la floraison des deux principales variétés de glycines. Celle originaire de Chine (*Wistaria sinensis*), la plus répandue, fleurit abondamment avant l'apparition des feuilles, fin avril ou début mai et refleurit pendant l'été. Ses tiges s'enroulent autour de leur support dans le sens inverse des aiguilles d'une montre.
Quant à la glycine originaire du Japon (*Wistaria floribunda*), dont les fleurs sortent en même temps que les feuilles, ses tiges s'enroulent dans le sens des aiguilles d'une montre !
Les hybrides, elles ne s'enroulent pas !

Devant le port de l'Arsenal où tanguent, à quai, les bateaux de plaisance
Le Grand Bleu
Quai de l'Arsenal
01 43 45 19 99 (30-50 €)
Ouvert tous les jours de 12 h à 14 h 30 et de 19 h à 22 h 30.

Le jardin le plus long : 4,5 km

Promenade plantée
Accès : du boulevard Soult à l'avenue Daumesnil, plus d'une vingtaine d'escaliers et ascenseurs
Métro : Michel-Bizot, Daumesnil, Montgallet, Dugommier, Gare de Lyon, Bastille

Comptez près de deux heures de promenade à pied pour en profiter pleinement, un peu moins en roller ou en bicyclette !
Il est préférable de partir de la station de métro Michel-Bizot pour aller vers Paris (et non l'inverse), comme le faisait « le train des roses ».
Ainsi nommait-on les convois qui acheminaient la nuit les fleurs produites en Brie jusqu'à la gare de la Bastille. De là, elles partaient pour les Halles où elles étaient vendues dans la matinée.
Les Halles ont été démolies ; à la Bastille, un opéra a remplacé la gare et la voie ferrée a été désaffectée. Mais quelle bonne idée de l'avoir transformée en jardin-promenade !
La première partie est encaissée, bordée de talus hauts qui isolent totalement de la ville. Les plantes comme les arbres semblent avoir poussé naturellement bien que certaines essences aient été discrètement introduites. Passer sous un pont, continuer encore jusqu'à une construction qui peut faire penser à une petite gare. D'ailleurs quelques bancs permettent d'attendre ou de se reposer.
En poursuivant vers l'est, on sort soudain de l'ombre pour déboucher sur la pelouse de Reuilly, très vaste espace vert en creux dont la forme ronde rappelle celle d'une gare de triage. Une passerelle l'enjambe mais on peut également faire un détour en descendant dans le jardin qui offre une alternance de massifs fleuris et de promenades tout autour de cette vaste plage engazonnée (4 200 m^2). Un remarquable mur végétalisé fait, à la sortie, la jonction entre les différents niveaux. Plus loin, un immeuble semble avoir été coupé en deux comme d'un immense coup d'épée pour laisser le passage au fantôme de la voie ferrée. On arrive alors le long
d'un chemin d'eau qui prend des allures d'Alcazar, l'été, lorsque les lavandes et les roses embaument. Nous voici à 7 m au-dessus des rues, isolés par arbres et arbustes. Nous cheminerons jusque sur le viaduc des Arts que le train empruntait déjà pour éviter de croiser les rues. Une véritable roseraie s'épanouit alors, en souvenir du train des roses.

Une baleine échouée

Square Saint-Éloi
Accès : rue du Colonel Roznoff et passage Montgallet,
Métro : Montgallet
Bus : 46

La gigantesque baleine bleue, créée en 1882 par Le Corre, devrait faire rêver plus d'un enfant. Malheureusement, comme souvent dans les jardins, l'eau a été coupée pour des raisons de sécurité. Et notre cétacé, qui aurait dû être le point central d'une fontaine, ressemble lamentablement à un animal échoué. Voilà de quoi faire des cauchemars.

Jardiner avec Aligresse

Jardin partagé Aligresse

41, impasse Druinot
Métro : Faidherbe-Chaligny

Au départ (c'était avant le printemps 2004), il y avait un terrain vague qui ressemblait assez à une décharge publique peu appréciée par les voisins. Aujourd'hui, cet enclos dont la porte reste ouverte lorsqu'un jardinier s'y affaire, est un petit paradis. Un paradis potager géré par la commune libre d'Aligre.
Un paradis où les anciens, heureux de transmettre leur savoir-faire, expliquent aux jeunes les secrets du jardinage. Un paradis de 236 m^2 où les enfants des écoles et les habitants du quartier cultivent légumes et fleurs, dans une communauté absolue. Un paradis, dominé par la reproduction du clocheton de la mairie, où l'on a creusé une minuscule mare, installé quelques épouvantails et d'inévitables nains de jardins : autant de témoins des parties de pétanques, des pique-niques, des « apéros » sans fin les soirs d'été. Un lieu de convivialité, d'harmonie et de bonne humeur.

La symbolique des parterres

Parc de Bercy

Accès : rues Paul-Belmondo, Joseph-Kessel, de l'Ambroisie, François-Truffaut, de Cognac, de Pommard, cour Chamonard, quai, boulevard et rue de Bercy
Métro : Bercy ou Cour Saint-Emilion
Bus : 24, 62, 109, 111

Autour du pavillon de la maison du Jardinage, au centre du parc de Bercy, les quatre points cardinaux sont marqués par quatre constructions auxquelles correspondent quatre éléments, quatre couleurs, quatre végétaux et les quatre saisons. Aux quatre angles de la croix : quatre formes de cultures traditionnelles, potager, verger, jardin des senteurs (ou des simples) et roseraie (voir tableau ci-dessous).

À voir également dans le parc

LA ROSERAIE

Attention, ne tombez pas dans le panneau ! Les fleurs sont regroupées ici trois par trois suivant leurs coloris, comme, par exemple, l'Ambre Queen, jaune oranger, la Peer Gynt, jaune vif, la Caroline de Monaco, jaune clair. Mais le plus insolite est le panneau indicateur sur lequel est dessiné le plan à l'envers... et qui le reste depuis plus de dix ans !

saison	*construction*	*matière*	*couleur*	*végétal*
hiver	*pavillon des vents*	*marbre*	*blanc*	*bruyère*
printemps	*tumulus du nymphée*	*eau*	*bleu*	*muscaris ou pervenches*
été	*labyrinthe*	*pierre noire*	*noir*	*taxus*
automne	*cheminée en brique*	*feu*	*rouge*	*vigne*

Le philosophe au marché

Secteur est

Pour évoquer des ruines antiques, les vestiges des arcades de l'ancien marché Blondell ont été réinstallés dans le jardin du Philosophe proche de Bercy-village ! Une pierre porte encore l'inscription de la rue de l'Odéon.

Des platanes que rien ne dérange

Le dessin du jardin ne tenant pas compte de l'emplacement des platanes anciens, certains sont semi-enterrés dans les pentes des talus. On a dû creuser des cheminées d'aération et les tapisser de pouzzolane (pierre volcanique). Malgré cela, certains arbres ont développé des racines sur leur tronc. Vraiment surprenant.

la maison du Jardinage

Fermé les lundis et jours fériés
Ouvert de 13 h 30 à 17 h ou 18 h 30 selon saisons

Elle fait rêver (bien qu'elle fût la maison des contributions indirectes). Là, se déroulent de nombreuses activités de jardinage destinées aux enfants des écoles. Les adultes y recevront également des conseils, trouveront de nombreuses informations dans la petite bibliothèque du premier étage, sans conteste l'une des plus secrètes et des plus agréables de Paris.

Le Canyoneaustrate

Partie ouest, près du Palais Omnisports de Paris-Bercy

Les sculpteurs ne nous ont pas habitués à des oeuvres en creux ! Il faut avouer qu'ainsi, cette fontaine est peu visible de loin. Travail réalisé en collaboration entre le sculpteur Gérard Singer (né en 1929, professeur à l'École nationale supérieure des Beaux-Arts de Paris) et les architectes Michel Andrault et Pierre Parat
(auxquels on doit le Palais Omnisport voisin), fait partie d'un programme de la Ville de Paris qui s'est engagée, depuis 1977, à mettre en service une nouvelle fontaine par an.

Les Enfants du Monde

(terrasse sud, près de la passerelle Simone de Beauvoir)

Cette série de 21 personnages, réalisée par Rachid Khimoun à l'occasion de l'an 2000, symbolise les 21 siècles de notre ère. Chaque sculpture évoque une ville du monde où l'artiste a pris l'empreinte d'éléments urbains (plaques d'égouts, grilles d'arbres) qui ont servi à fabriquer des silhouettes. Chaque sculpture a été tirée en deux exemplaires : l'un pour l'esplanade du parc de Bercy, le second pour la ville qu'il représente.

À savoir

LA VIGNE ET LE VIN

Le vin, à Bercy, c'est toute une histoire ; c'est toute son histoire jusqu'au début des années 1970. Au XIXe siècle, il y avait là le plus important marché vinicole du monde installé à la lisière de Paris afin d'éviter l'octroi. Les entrepôts étaient approvisionnés en vins de Champagne et de Bourgogne par la Seine.

Témoins de cette activité, les espaces pavés des rues d'autrefois et les rails orientés vers le fleuve. Il y eut jusqu'à 9 km de voies ferrées qu'empruntaient les wagons charriant les barriques. Les deux vignes plantées aujourd'hui en souvenir comptent moins de 400 pieds. Un tiers de Chardonnay (plus précoce) et deux tiers de Sauvignon sont entretenus par les jardiniers sur les conseils d'un œnologue et vendangés par une dizaine d'entre eux en une matinée d'automne, puis pressés et mis en bouteille (200 l, environ). Ce vin est parfois offert en dégustation lors de la Journée des Jardins (3e dimanche de septembre). À côté de cette vigne traditionnelle, se trouve une treille qui produit de beaux raisins de table : chasselas et muscat.

Avec ses 42 anciens chais restaurés et classés Monuments historiques, l'ancien quartier vinicole de Paris revit. Vous n'aurez que l'embaras du choix, côté tables en terrasses pour vos déjeuners de soleil
www.bercyvillage.com

Sur une terrasse surplombant la Grande Prairie,
Le Bouchon de Bercy
All Seasons Paris-Bercy
77, rue de Bercy, 01 53 46 50 50 (20 €)
Ouvert tous les jours midi et soir

Devant la Cinémathèque
Le 51
51, rue de Bercy,
01 58 51 10 91 (15-25 €)
Ouvert tous les jours midi et soir sauf mardi

La « rain forest »

Jardin tropical « Météor »
Inaccessible mais visible des quais de la ligne 14
Métro : Gare de Lyon

Un jardin tropical de 400 m² environ à près de 10 m en dessous du niveau des rues parisiennes peut paraître surréaliste, pour ne pas dire irréaliste, et pourtant ! Les maîtres d'œuvre (Liliane Grunig et François Tribel, paysagistes ; Ar.thème associés, architecte) ont réussi ce pari. Les végétaux reflètent la densité et la complexité de la forêt, s'entremêlent en un fouillis savamment orchestré : *Pandanus, Phœnix roebellini, Strelitzia*, fougères tropicales, orchidées, cycas... laissent s'ouvrir des percées sur des plantes plus petites et colorées. Des plantes épiphytes poussent sur les arbres, les racines aériennes et les lianes jouent avec les immenses feuilles des *Johanstemania* et des *Licuala grandis* alors qu'un contraste s'instaure entre feuilles et palmes (voir pages précédentes). La forêt est un spectacle permanent grâce à une scénographie basée uniquement sur l'eau, le brouillard, la lumière, le son.
Depuis 1998, le public reste enthousiaste ! Cette merveilleuse idée n'a été reprise qu'à Singapour et Madrid.

Ambiance déjantée sur cette ancienne barge pétrolière où il fait bon s'ancrer à la proue
Le Café Barge
5, port de la Râpée, 01 40 02 09 09 (35 €)
Ouvert midi et soir sauf samedi midi et dimanche toute la journée d'octobre à avril

Un catalogue de fleurs exceptionnel

Parc floral de Paris

Bois de Vincennes
Accès : esplanade du château de Vincennes, route de la Pyramide
Métro : Château de Vincennes

Le Parc floral de Paris fut créé à l'occasion des troisièmes floralies internationales qui eurent lieu à Paris en 1969. C'est à présent le paradis des amateurs de végétaux avec ses collections de bonsaïs (65 sujets), plantes méditerranéennes, plantes d'intérieur et de véranda, plantes succulentes, graminées, tulipes (200 variétés), dahlias, iris (2 060 taxons dont 60 espèces), fougères rustiques, pivoines herbacées (265 taxons), fougères (170 taxons), géraniums (230 taxons). Pour voir les collections en pleine floraison, attention de choisir le bon mois :

bulbeuse	*mars, avril*
camélias	*mars, avril*
tulipes	*mars, avril, mai*
rhododendrons	*avril, mai*
pivoines arbustives	*15 avril au 15 mai*
géraniums vivaces	*mai à octobre*
iris	*mai au 15 juin*
pivoines herbacées	*15 mai au 15 juin*
hydrangeas	*juillet, août*
nymphéas et plantes aquatiques	*juillet à septembre*
dahlias et asters	*août, septembre, octobre*

Jardiniers faites votre choix ! Les trois millions de plantes nécessaires au fleurissement des jardins, squares et autres jardinières de Paris sont produites dans les serres municipales du centre horticole à Rungis.
Au Parc floral, dans un grand massif situé au-dessus des lacs, un spécimen de chacune (ou presque) de ces plantes est présenté dans un merveilleux camaïeu de couleurs. L'idée est astucieuse car on peut les voir évoluer au fil des saisons, en connaître les vraies teintes, la taille et les comparer.

Ce restaurant tout en bois jouit d'un cadre exceptionnel au coeur du parc et de la pinède
Les Magnolias
01 48 72 47 43 (15 €)
Ouvert en hiver les mercredi, samedi et dimanche de 10 h à 17 h, à partir du mois d'avril, tous les jours de 10 h à 18 h 30.

Le jardin clos du Centre bouddhique

Jardin du Centre bouddhique du bois de Vincennes

Métro : Porte Dorée
Bus : 325
Visites guidées : 01 43 41 02 49

Qui aurait songé qu'un jour les vestiges des pavillons du Cameroun et du Togo de l'exposition coloniale de 1931 seraient transformés en... centre bouddhique régulièrement fréquenté par les moines et les fidèles ? Jean Sainteny, ancien gouverneur au Cambodge, souhaitait créer un lieu de culte pour les réfugiés asiatiques, arrivés en masse vers la fin du conflit vietnamo-américain. L'idée a fait son chemin. Dans cet enclos, un premier temple fut aménagé en 1976, abritant le plus grand Bouddha d'Europe (9 m de haut). Un second temple voué au culte tibétain, le *kagyu Dzong* (la forteresse de la Claire Lumière), fut construit en 1985.
Parmi de nombreux arbres remarquables, on s'amusera à observer, à gauche du portillon d'entrée, deux branches, l'une de cerisier et l'autre de savonnier de Chine (*Koelreuteria paniculata*), poussant sur un oranger des Osages (*Maclura aurantiaca*). Deux greffes naturelles, inventions conjuguées d'un noyau baladeur et des vents convoyeurs !
Il faut participer en avril et septembre aux fêtes bouddhiques qui sont particulièrement animées, très colorées et toujours fort accueillantes. La gardienne des lieux est un puits d'informations sur le bouddhisme.

Elle dit avec humour qu'elle avance dans la vie « en tenant le Christ d'une main et Bouddha de l'autre », persuadée que Cachou, son petit chien blanc, est lui-même une réincarnation.

Au milieu d'un lac environné de 7 000 m² de verdure
Le Chalet des îles Daumesnil
Lac Daumesnil, bois de Vincennes, 01 43 07 00 10 (50 €)
Ouvert tous les jours de 9 h à 24 h

Dans une auberge provinciale (l'ancienne maison du gardien) en bordure de lac
La Cipale
Vélodrome municipal, 51, avenue de Gravelle, 01 43 75 54 53 (34 €)
Ouvert du lundi au vendredi de 12 h à 14 h et de 19 h 45 à 21 h 15 sauf en août

Souvenirs coloniaux au bois de Vincennes

Jardin d'Agronomie tropicale

Accès : 45 bis, avenue de la Belle-Gabrielle, bois de Vincennes (face à l'avenue des Châtaigniers)
RER : Nogent-sur-Marne
Bus :112
Ouvert de 9 h 30 à 17 h ou 20 h selon les saisons
Visites guidées : samedi à 14 h 30 et dimanche à 15 h

Il faut y courir avant que les réaménagements nécessaires passent un grand coup de plumeau sur ce lieu onirique au charme sans égal, certainement le plus insolite de ceux présentés dans cet ouvrage.

En 1899, au cœur de l'aventure coloniale française, est créé dans le bois de Vincennes un vaste jardin d'essai (45 000 m^2). Son but : coordonner les expériences agronomiques pour accroître les productions des colonies et améliorer l'approvisionnement en thé, café, cacao, épices. En parallèle, une école est ouverte en 1902 pour former de futurs agronomes coloniaux. De mai à octobre 1907, cinq villages y sont reconstitués pour l'Exposition coloniale qui accueille près de 2 millions de visiteurs en 6 mois.

Pendant la Première Guerre mondiale, un hôpital modèle y est installé afin de recevoir les soldats d'Outre-mer. Une mosquée, la première de Paris, est érigée en 1916.

En mémoire de ces soldats, dont beaucoup ne survécurent pas à leurs blessures, des monuments aux morts furent construits ultérieurement. Ils confèrent au lieu une atmosphère étrange à laquelle participent les ruines des pavillons de l'Exposition coloniale : ceux du Congo, du Maroc, de la Guyane, de la Réunion, de la Tunisie, d'Indochine. On voit encore les vestiges de la serre et les restes du pavillon du Dahomey incendié récemment.

Nous voici au royaume d'une princesse au bois (exotique) dormant... Qui pourrait imaginer en admirant le petit temple (reconstruit) ou en empruntant le pont Khmer (non loin d'un piège à tigre) qu'il est encore à Paris... dans le 12e arrondissement ?

Quand un jardin raconte l'histoire des jardins

Square René-Le Gall
Accès : rue Croulebarbe, 43, rue Corvisart, rue Émile Deslandres, rue des Cordelières
Métro : Corvisart, Gobelins
Bus : 24, 27, 47, 83
Inscrit à l'inventaire des Monuments historiques en 1997

S'il fallait retenir un seul jardin des années 30 à Paris, ce serait celui-là. L'architecte Jean-Charles Moreux (1889-1956), chantre d'un modernisme mesuré dont le mobilier est aussi apprécié que celui d'Arbus ou de Ruhlmann, signe ici son chef-d'œuvre vert. Il a conçu près de 70 jardins à Paris.
Son projet était de raconter, dans un concentré de 3 ha, l'histoire des jardins et sans doute une bonne tranche d'histoire de l'humanité.
La partie la plus proche de la Manufacture des Gobelins est inspirée de la Renaissance et des jardins d'Italie, avec ses quatre gloriettes, son obélisque rappelant l'humanisme et l'amour des mathématiques, ses plates-bandes bordées de buis taillés et sa roseraie. Les étranges et amusantes compositions de galets et de coquillages incrustées dans les murs rappellent celles de G. Arcimboldo ou encore les décors des jardins de Tivoli.
La seconde partie, au centre, évoque le classicisme avec ses allées droites et ses bosquets ombragés. Les enfants n'ont trouvé nulle part ailleurs de meilleures cachettes : ils s'enfoncent dans les taillis, dessinent des sentiers et remodèlent à leur façon ces lieux et leur histoire !
La troisième partie était vouée aux Temps modernes, au culte du corps, à la gymnastique, à un certain hygiénisme que l'avènement des congés payés développa encore.
Bien avant 1968, l'architecte avait imaginé ici sa version de *Sous les pavés, la plage* en installant tout bonnement, au cœur de ce 13e arrondissement ouvrier, faute de mer, une immense étendue de sable.
La plage viendrait donc à ceux qui ne pourraient pas aller à elle.
Mais depuis, la plus grande partie du sable, difficile à garder propre face à l'assaut des chiens et autres éléments, a été enlevée. Une aire de jeux l'a remplacée. Comme l'homme, les jardins se transforment et s'adaptent.

Embarquement pour une croisière

Square Joan-Miro

Accès : rue Tagore, rue Gandon
Métro : Porte d'Italie
Bus : 47, 131, 184, 185, 186, PC1

Créé en 1993 par Liliane Grunig et François Tribel, voici un petit bijou de jardin (7 460 m²) qui porte le nom et la fantaisie du peintre espagnol né au bord de la Méditerranée, à Barcelone. Tout ici fait allusion à la mer, mais également à l'humour et à la gaieté de Miro. Promenez-vous sur la passerelle d'un paquebot avec ponton et poste avant. Penchez-vous au-dessus des bastingages pour admirer la houle verte des pelouses.
Écoutez le bruit de l'écume et son ruissellement contre la coque, évoqués par les cours d'eau dessinant méandres et petites cascades.
Sur les gradins qui s'étagent, aujourd'hui des passagères en jean se prélassent, adossées à d'astucieux transats : notre paquebot est amarré bien près du lycée. Mais ne débarquez pas avant de découvrir les bancs sur le pont supérieur, avec leur dais, ils sont royaux !

À voir à proximité

La table d'eau
Jardin du Moulin de la Pointe
Accès : avenue d'Italie
Métro : Porte d'Italie
Bus : 47, 131, 184, 185, 186, PC1
Ici on ne peut manquer le portail monumental !
On admirera au passage la volonté d'entretenir un potager, somme toute assez respecté dans cet espace largement ouvert au public ; puis, à gauche, la fontaine résolument moderne et surtout, derrière les tonnelles contemporaines, la table d'eau très massive qui prend parfois la couleur du ciel.

Sous les grands arbres de la Salpêtrière

Jardin de l'hôpital de la Salpêtrière

Accès : 47, boulevard de l'hôpital. Traverser le premier jardin, passer sous la voûte puis devant la chapelle
Métro : Gare d'Austerlitz
Bus : 5, 10, 24, 57, 61, 63, 89, 91

Il est rare que l'on décide d'aller se promener dans un hôpital. Pourtant le jardin de la Salpêtrière, ouvert et accessible, offre un immense terre-plein gazonné, légèrement surélevé, planté de somptueux arbres sous lesquels on peut voir les habitués jouer aux boules. Le lieu, bordé de bâtiments anciens, est harmonieux et tranquille. Des tables sont à votre disposition pour pique-niquer.

À voir dans le même hôpital

GRAND PATIO

Un autre jardin, dans le patio du bâtiment de « tête » de l'hôpital, a été dessiné par Liliane Grunig et François Tribel, juste pour le plaisir des yeux. Très fleuri, il constitue un puits de lumière et de gaîté tout simplement admirable. Pour son entretien, les jardiniers empruntent un cheminement dallé décoratif.

La forêt inaccessible de la bibliothèque

Jardin de la Très Grande Bibliothèque F. Mitterrand

11, quai François Mauriac
01 53 79 59 59 (serveur vocal)
Accès : avenue de France, rue Émile Durkheim, quai François Mauriac, rue Raymond Aron.
Métro, RER : Bibliothèque François Mitterrand
Bus : 89, 62, 132, 325
Ouvert du mardi au samedi de 10 h à 20 h, le dimanche de 12 h à 19 h

Combien de stères de bois a-t-il fallu pour fabriquer le papier nécessaire à l'impression des dix millions de volumes, des 300 000 collections de périodiques conservés ici ?

Le jardin clos (11 000 m²), au centre du site, est-il là en signe de repentance ou comme référence à la forêt de Latché chère au président François Mitterrand, commanditaire de cette bibliothèque ? En réalité, il s'agit d'un morceau de nature transplanté là, en 1996, depuis la forêt de Bord en Normandie ; on y trouve des pins, des chênes, des bouleaux et quelques arbustes, mais les lecteurs doivent se contenter de regarder, à travers les vitrages clos, les feuilles frémir au printemps ou doucement tomber à l'automne. Un jardin sans odeur, un jardin sans bruit, un jardin inaccessible, oui, mais pas pour tous. Depuis 2004 les premiers prototypes de nichoirs parisiens pour faucons pèlerins ont été placés à 80 m du sol, sur le toit de la BnF dans l'espoir d'attirer ces oiseaux qui pourraient s'y reproduire. Cette espèce de prédateurs, se nourrissant essentiellement de volatiles, serait la bienvenue pour éviter la prolifération des pigeons et étourneaux dont le gîte en ce lieu pose de gros problèmes (collision sur les baies vitrées, nuisance sonore etc.). Une arrivée très attendue.

Méridien, mire et monument d'Arago

Parc Montsouris

6 entrées possibles : boulevard Jourdan, avenue Reille, rue Gazan, rue de la Cité Universitaire, rue Nansouty, rue Émile-Deutsch-de-la-Meurthe (pour voir la mire, entrer par le boulevard Jourdan et prendre l'allée à gauche)
RER : Cité Universitaire
Bus : 21, 88, 216, PC1

Il serait logique que la mire de l'Observatoire soit sur le méridien de Paris dont le tracé passe exactement au milieu des bâtiments de l'Observatoire, à 2 km au nord du parc Montsouris. Or, comme la lunette d'observation pour la longitude qu'il abrite est décalée de 40 m à l'est, la mire de référence l'est également ici. Symétriquement, une seconde mire a été élevée au nord, à Montmartre, près du moulin de La Galette, mais elle est inaccessible au public. Le méridien de Paris est en revanche très précisément marqué par... un artiste hollandais, James Dibetts, qui remporta un concours pour célébrer le bicentenaire de la naissance d'Arago et commémorer les travaux de mesure du méridien qu'il acheva. Dibbets matérialisa la ligne imaginaire du méridien dans Paris par 135 plaques scellées au sol entre les deux mires de Montsouris et de Montmartre. Chaque médaillon porte l'inscription Arago et l'orientation nord-sud. Les retrouver n'est pas réellement facile d'autant plus qu'une trentaine a disparu !

Dans le Parc Montsouris, il en reste cinq : la 1ère est donc à 40 m à l'ouest de la mire, et la 5e près de l'abri des gardiens du portail nord-ouest. D'autres se retrouvent dans plusieurs jardins publics parisiens. Pour les localiser, il suffit de dessiner sur une carte une ligne entre Montsouris et Montmartre, passant par l'Observatoire.

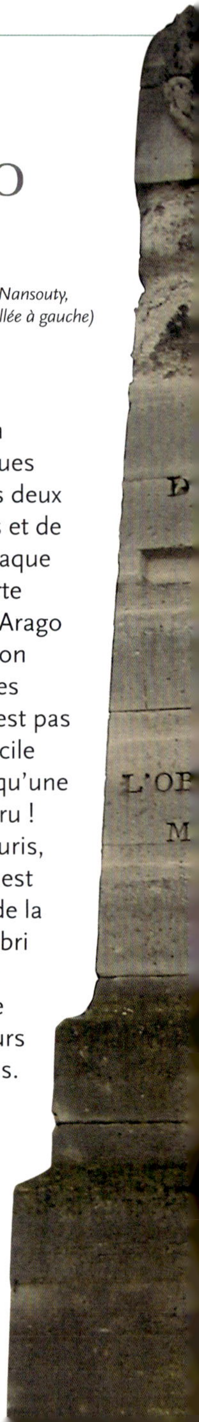

À savoir

Feu le palais Bardo

Le pavillon de la Tunisie, à l'Exposition Universelle de 1867, était une réplique miniaturisée du palais du Bardo à Tunis (ancienne résidence d'été des Beys ayant régné de 1705 à 1957). Acquis par Ferdinand de Lesseps, il fut remonté pierre par pierre au point culminant du parc Montsouris et disparut dans un incendie en 1991.

Histoires de train

Astucieusement intégrées dans la conception générale depuis la création du parc, deux voies ferrées le traversent.

Le chemin de fer de la Petite Ceinture suit, grossièrement, une ligne est-ouest. D'abord au fond d'une tranchée, elle s'enfonce ensuite sous un tunnel de près de 2 km pour ressortir plus loin, vers la porte d'Orléans. Au nord de l'Observatoire, à droite en descendant l'allée, on découvre la bouche d'une cheminée souterraine entourée d'arbustes. Au temps des machines à vapeur, lorsque les locomotives passaient, une énorme fumée sortait du massif, tout naturellement baptisé « le volcan » par les jardiniers !

La ligne du RER B épouse le tracé de la ligne de Sceaux qui, à l'origine (1848), était au niveau du parc. Des cartes postales anciennes montrent le train passant au milieu du gazon et les promeneurs admiratifs écarquillant les yeux !

Au centre du parc, près des jeux d'enfants, une stèle commémore le massacre de la mission du colonel Flatters. Celui-ci, chargé des études du chemin de fer transsaharien (reliant l'Algérie au Soudan) fut massacré en Afrique par des Touaregs, en 1881, trois ans après l'ouverture du parc. Pas un seul Français ne survécut à cette expédition comprenant 93 hommes.

Sur la terrasse d'un pavillon d'inspiration coloniale
Pavillon Montsouris
20, rue Gazan, 01 43 13 29 00 (50 €)
Ouvert tous les jours midi et soir

Deux aqueducs pour un jardin

Jardin de la ZAC Alésia-Montsouris

Accès : avenue Reille, rue d'Alésia, rue de l'Empereur Valentin, avenue de la Sibelle
Métro : Alésia, Saint-Jacques
Bus : 21, 88, 216

L'un est romain (seconde moitié du IIe siècle après J.-C.), le second, (Renaissance) approvisionnait le palais et les jardins du Luxembourg dont Marie de Médicis avait entrepris la construction. Des grilles interdisent l'entrée mais permettent de voir parfaitement les conduits parallèles. Dans l'aqueduc de Marie de Médicis, au sol, une cuvette dans laquelle courait l'eau ; au dessus, une voûte (1,80 m) ; sur le mur, une inscription parfaitement lisible *Jehan Delarue 1618* qui daterait donc de la construction. La première pierre de cet aqueduc fut posée (en grande pompe ?) au regard de Rungis par Louis XIII qui n'avait que 12 ans ; les travaux durèrent également 12 ans ! Cinq médailles d'or et d'argent furent scellées dans les fondations.
L'eau captée n'approvisionne plus aujourd'hui le Luxembourg mais toujours le parc Montsouris et son lac. À l'extérieur de l'aqueduc, au sommet du talus, le petit édifice du regard a été reconstitué récemment. Il y avait 27 regards au total sur l'ensemble du parcours. Celui-ci est le 23e. En se retournant, on aperçoit un autre tronçon de cet aqueduc parfaitement conservé, intégré comme une décoration dans un immeuble. En se dirigeant vers le parc Montsouris, un autre est visible dans les locaux de la Caisse nationale d'Allocations familiales, avenue de la Sibelle, où les vestiges sont exposés dans une vitrine donnant sur la rue.

Un jardin en toute simplicité

Jardin de la Fondation Cartier pour l'art contemporain

Accès : 261, boulevard Raspail
Tous les jours, sauf le lundi, de 12 h à 20 h.
Métro : Raspail, Denfert-Rochereau, RER B : Denfert-Rochereau
Bus : 38, 68, 91

Outre le mur végétal de Patrick Blanc au-dessus de la porte d'entrée de la fondation, derrière le bâtiment se trouve un jardin pas comme les autres, assez décoiffant il faut l'avouer. Il porte le nom du *Theatrum Botanicum* où, au Moyen Âge, dans les monastères, on inventoriait et classait les simples (plantes officinales) et les plantes aromatiques (destinées à la cuisine) . À travers la transparence résolument contemporaine de la Fondation, la végétation renvoie à d'autres temps : travail de mémoire et de retour à une grande simplicité végétale. La nature naturelle est ici chez elle, très à l'aise.

L'artiste Lothar Baumgarten l'a conçu en faisant bon accueil aux plantes et aux arbres déjà présents. Puis il introduisit des graines et de jeunes pousses, tout en permettant largement au vent d'y semer ce qu'il voulait bien apporter, et apportera encore. Ne dites pas que ce sont des « mauvaises herbes », ce serait une injure ! Non, dites que vous êtes dans une « cité heureuse » où les insectes, les oiseaux, les plantes et les visiteurs (sans oublier les chats) s'épanouissent gaiement.

Cuisine inventive et ambiance festive des années Pop Art 1970, à tester sur l'une des spacieuses et accueillantes terrasses
Apollo
3, place Denfert-Rochereau, 01 45 38 76 77 (35 €)
Ouvert tous les jours midi et soir

Un coin secret qui ne demande qu'à le rester

Cloître de l'ancienne abbaye de Port-Royal

Hôpital Cochin
123, boulevard de Port-Royal
Métro : Saint-Jacques, RER : Port-Royal
Bus : 38, 83, 91

En entrant dans l'hôpital Cochin, la chapelle et son cloître sont signalés à gauche (pénétrer dans le couloir du laboratoire d'embryologie). Angélique Arnaud, fondatrice du monastère, les religieuses vêtues du scapulaire blanc à croix écarlate et de brillants esprits comme Pascal, Racine, La Rochefoucauld contribuèrent à faire de ce lieu l'un des plus éblouissant du royaume. Leur ombre reste discrètement présente. L'été, il est agréable de s'asseoir en dehors du brouhaha, de prendre un livre et d'attendre doucement que le soleil disparaisse derrière un mur. Dans ce petit parterre à la française avec ses buis taillés et ses rosiers en fleurs, on oublie les peines et les soucis, ce qui, après une éventuelle visite à un malade, n'est pas forcément une mauvaise chose.

Sur une terrasse "à la croisée des idées"
La Closerie des Lilas
171, boulevard du Montparnasse
01 40 51 34 50 (45 €)
Ouvert tous les jours midi et soir

Le jardin où l'on cultive les bonnes idées

Jardin du Moulin-des-Trois-Cornets
Accès : 3 ter, rue Raymond Losserand
Métro : Gaîté, Pernety
Bus : 58

C'est un jardin comme il s'en trouve peu souvent. Ici, depuis 1999, tout a été pensé et conçu pour les personnes handicapées.
Il est vrai qu'il est mitoyen de la résidence de l'Association des Paralysés de France.
Pas d'escaliers ni de chemins creux, pas de séparation entre la pelouse et les allées, mais des espaces larges au sol rigide, ainsi qu'une grande aire recouverte d'un plancher où les fauteuils roulants peuvent accéder par temps humide.
Dans un coin, des agrès adaptés aux personnes assises.
Visiter ce lieu est un bonheur

Avant ou après un film, dans une allée ombragée où il fait bon s'attabler pour échanger les points de vue
L'Entrepôt
7-9 rue Francis de Pressensé,
01 45 40 07 50 (15-20 €)
Ouvert tous les jours midi et soir
Brunch le dimanche

procuré non seulement par ce parti pris mais également pour la beauté et la simplicité de la végétation. On aimerait que de telles initiatives soient beaucoup plus fréquentes... le jardin du Moulin des Trois Cornets ne fait que 1 000 m² !

À voir à côté

JARDIN DE LA ZAC DIDOT
Rue Raymond-Losserand, place de la Garenne
Métro : Pernety
Traversez la rue pour aller vous promener dans un autre jardin, tout beau tout neuf, dont la partie centrale vous est ouverte en permanence.

À savoir

Tout au bout de la rue, dans le square à l'angle du boulevard Brune et de la rue Vercingétorix, a été installé en mars 2003 le pigeonnier-pilote anti-contraceptif.
Le pigeonnier fixe durablement une population locale de pigeons bisets, grâce au nourrissage réalisé à l'intérieur, et régule le nombre d'individus par une technique simple.
La première couvée de chaque couple est préservée.
Les pontes suivantes sont secouées (fortement) pour stopper leur développement, et laissées en place quelque temps pour éviter que les oiseaux ne désertent l'endroit.
Ainsi, les couples installés n'ont qu'une couvée par an au lieu de 6 à 8.
Cinq ans plus tard, plus d'une dizaine de pigeonniers ont été mis en place.
Répartis dans les différents arrondissements parisiens, ils répondent parfaitement aux attentes des riverains.

Paquebot ou côte atlantique ?

Jardin Atlantique

Accès : place des Cinq Martyrs du Lycée Buffon, place Raoul-Dautry, rue du Commandant Mouchotte
Métro : Montparnasse-Bienvenue, Gaîté, Pasteur
Bus : 28, 58, 88, 91, 92, 95, 96
Superficie : 34 200 m²
Date de création : 1994

Répondre « les deux » pour faire plaisir au capitaine. S'accouder au bastingage, grimper sur une passerelle, entendre le bruit de l'océan, guetter la météo avec des instruments sophistiqués, se promener sur le pont, contourner un mât, tout ce qui est naturellement possible sur un bateau en pleine mer le serait-il au-dessus d'une gare au centre de Paris ? Ne rêvons pas !
S'étendre sur une plage, prendre le soleil, se promener au milieu des dunes, regarder le mouvement du vent dans les graminées, caresser le granit d'un rocher, cela est possible en bord de mer, mais au-dessus d'une gare, au centre de Paris ? Ne rêvons pas !

François Brun et Michel Pena en collaboration avec Christine Schnitzler ont inventé cet espace où tout est prouesses techniques. Il a fallu tenir compte des contraintes de sécurité, des bouches d'aération de la gare, de l'espace clos par les immeubles et de la voûte cyclopéenne qu'il était impossible de surcharger à certains endroits. Les arbres sont donc plantés en aplomb des piliers de soutènement, seul lieu où l'on peut disposer une couche de 1,80 m de terre. La pelouse, moins exigeante, est au centre, zone la plus délicate de la voûte, sur du polystyrène et 30 cm de terre seulement. Curieuse station balnéaire, juchée à 18 m au-dessus du départ des TGV vers la côte ouest !
Tout ici doit faire penser aux rivages de chaque côté de l'océan. L'allée centrale en est un excellent exemple : à l'est, l'Ancien Monde et des arbres originaires d'Europe, à l'ouest, le Nouveau, illustré par la même espèce provenant du continent américain.
Au-delà de cette allée, à gauche lorsque l'on regarde la tour Montparnasse (nord-ouest), la partie ouverte avec un immense *sun-deck* en lattes imputrescibles (bois de kapur) ondule en évoquant quelques plages connues de Normandie, accueillant jusqu'à 200 personnes, les jours de grand soleil. Plus loin, les cinq tennis au sol... bleu évidemment, et des tables de ping-pong prêtes pour de belles parties les soirs d'été.
À droite (sud-est) une succession de jardins plus secrets, avec une profusion de plantes toutes en corrélation avec l'Océan. Il faut vagabonder d'une « salle » à une autre, celles des Plantes ondoyantes, des Humidités, des Bleus et Mauves, des Rivages, du Silence ; on rencontrera des pavillons tout aussi évocateurs : celui des Vagues bleues, ou celui des Roches roses.
Mais peut-on imaginer un océan sans île ? La voici au centre avec son fatras d'instruments météorologiques. Elle est nommée île des Hespérides bien qu'elle n'évoque en rien le jardin d'où Hercule, au terme de son onzième travail, rapporta les pommes d'or. Mystère !
En revanche, ce bruit sourd que vous entendez, non, ce n'est pas celui de l'Océan mais le grondement d'un TGV prêt à s'élancer vers l'Atlantique.

Dans un jardin suspendu à la végétation luxuriante
Justine
Niveau A du Méridien Montparnasse
19, rue du Commandant Mouchotte, 01 44 36 44 00 (40 €)
Ouvert tous les jours midi et soir

Où l'on n'achève plus les chevaux

Parc Georges-Brassens

Accès : rue des Morillons, rue des Périchaux, rue Brancion
Métro : Convention, Porte de Vanves
Bus : 32, 62, 80, 89, PC1

Impossible de l'ignorer, ce parc de 87 293 m², créé en 1984 par les architectes Ghiulamila et Milliex et le paysagiste Daniel Collin.

Il a pris la place des anciens abattoirs de Vaugirard, transférés à la Villette en 1976-78 : dès l'entrée, deux taureaux nous accueillent du haut de leurs immenses stèles. Ces oeuvres du sculpteur animalier Auguste Caïn proviennent du Trocadéro. Autres vestiges de ce passé, les pavillons d'administration qui entourent la grille, l'ancien marché à la criée dont le beffroi fait aujourd'hui figure de phare au milieu du petit lac, et, bien entendu, les halles métalliques où samedi et dimanche le marché des livres anciens et d'occasion a remplacé celui des chevaux. La tête de pouliche sculptée à la porte, rue des Morillons, et le buste du docteur Decroix, vétérinaire qui incita les Français à manger de la viande de cheval, rappellent l'activité équine. Quant aux blocs de pierres récupérés des démolitions, ils forment maintenant un mur d'escalade !

À voir au passage

La vigne

Avant les abattoirs, il y avait dans l'ancien hameau de Vaugirard, indépendant de Paris jusqu'en 1860, un vignoble assez réputé qui produisait les fameux Clos-des-Morillons et Clos-des-Périchots (allusion au sol pierreux). En souvenir, 700 pieds de pinot noir furent plantés en 1985. On alla jusqu'à importer du sable de la Loire pour rendre la terre plus perméable.

Après les vendanges, les raisins sont pressés dans la cave de la mairie du XVème ; les 700 bouteilles de Clos des Morillons obtenues font la fierté des jardiniers et sont vendues au profit d'œuvres sociales.

Le rucher et « la Ruche »

Ce rucher pédagogique (11 ruches) animé par des bénévoles de la Société centrale d'Apiculture est destiné aux enfants des écoles voisines. Les abeilles sont à leur aise dans ce parc où fleurs, arbres fruitiers et végétaux mellifères se développent sans insecticide. Le miel, comme celui du jardin du Luxembourg, est vendu et fort apprécié des amateurs.

De ce rucher à la célèbre Ruche, cité d'artistes voisine, installée au 2, passage Dantzig, il n'y a qu'un pas ou presque. Son nom vient de la forme des ateliers qui fait penser à celle des alvéoles. Chagall, Soutine, Zadkine ou Archipenko et bien d'autres artistes y travaillèrent. Cette cité, noyée dans la verdure, reçoit toujours des créateurs ; elle fut fondée par le sculpteur Bouchard dans le pavillon des vins de Bordeaux qu'il avait racheté à l'issue de l'Exposition universelle de 1900.

Un jardin pas très clair, le jardin des senteurs

Situé près du Guignol, il est en principe destiné aux non voyants. L'intention est merveilleuse, mais la réalisation est toute autre : il est préférable de voir clair pour descendre l'étroit escalier en angle droit, au centre duquel coule une rigole dont le ruissellement serait censé guider les aveugles. Mais la proximité d'une cour de récréation fort bruyante et les piaillements des enfants en décident autrement !
Et qui donc a eu l'idée de placer au sol, sur un des paliers, cette vasque remplie d'eau ? Difficile pour un non-voyant de ne pas se mouiller les pieds. Chemin faisant, on rencontre des panneaux portant les noms des végétaux en braille mais les plaques sont découpées dans un métal aux bords si tranchants que l'ensemble paraît purement assassin pour qui se heurterait le front en se penchant pour sentir une fleur ! Enfin, si les seringuas ou les lavandes paraissent bien choisis, que peut on dire des roses aux tiges épineuses ou des osmanthes ? On l'aura compris, ce jardin des senteurs est à déconseiller aux non voyants !

Au détour d'un bosquet, portrait de Georges Brassens par André Greck. Le chanteur habitait, jusqu'à son décès le 3 octobre 1981, 42, villa Santos-Dumont, à proximité du parc. Au fil des allées dont certaines portent le nom de ses chansons, on pourra lire quelques-uns de ses sonnets gravés sur des plaques. Immédiatement, les airs célèbres vous reviennent à l'esprit : les amoureux sur les bancs publics ne vous diront pas le contraire !

Un petit coin de Russie

Jardin de l'église Saint-Séraphin-de-Sarov
91, rue Lecourbe
Site : www.saint-seraphin.net
Métro : Volontaires
Bus : 39, 70, 80, 89
Ouvert samedi après-midi, dimanche matin et, en semaine, au moment des offices liturgique

Dommage que ce bout de jardin d'herbes un peu folles, dans une arrière-cour de la rue Lecourbe, ne soit pas ouvert en permanence. Il mérite vraiment le détour ; l'église aussi d'ailleurs, dont le bulbe bleu semble venir tout droit de la Sainte-Russie.
En réalité, cette minuscule église orthodoxe ne date que de 1974 mais elle remplace une première chapelle construite dans les années trente.
Elle porte le nom d'un moine russe, né à Kourks en 1759, mort à Sarov (à 150 km de Nijni-Novgorod) en 1833 et canonisé en 1903.
Le décor intérieur est dû à de célèbres iconographes d'émigration russe et, en particulier, à P. A. Fedorov et Mère Marie Skobtsov (1891-1945), moniale morte dans un camp de concentration et canonisée en 2005.

À voir à l'intérieur de l'église

Deux arbres symboliques

L'arbre vivant, un érable qui traverse le toit, et le tronc d'arbre mort font référence aux deux arbres du Paradis : l'arbre de la Vie et l'arbre de la Connaissance du Bien et du Mal.

Un parc qui en fait voir de toutes les couleurs

Parc André-Citroën et jardin de l'Ilot des Trois Marches
Accès : quai André Citroën, rues Balard, Saint-Charles, Leblanc, de la Montagne de Fage
Métro : Lourmel, Place Balard, RER : Boulevard Victor
Bus : 42, 88, PC1

Il fut créé en 1992, sur les terrains des usines Citroën (13 800 m²), par deux équipes aux conceptions opposées : celle d'Alain Provost (paysagiste), Jean-Paul Viguier et Jean-François Jodry (architectes) et celle du paysagiste Gilles Clément et de l'architecte Patrick Berger.
Rien n'est simple ici, car ordre et désordre se mêlent ; tout est nature en mouvement, métamorphose mais également architecture et rigidité, eau et minéral, pelouses très ouvertes et jardins cachés, matériaux et formes résolument modernes s'opposant aux références à l'Antiquité !
L'organisation générale est plus compréhensible : une allée diagonale grossièrement nord-sud divise le parc en deux parties distinctes, à l'ouest, l'ordre, la nature domptée, à l'ouest, la nature sauvage et les jardins sériels. L'une et l'autre étant, on le comprendra, l'œuvre des deux équipes lauréates distinctes. Nous avons parlé de couleurs : voici les six jardins sériels, l'une des originalités du lieu, auxquels on peut rajouter le jardin Blanc situé dans l'excroissance est.

Jardin bleu et jardin orange

Pages suivantes, jardin rouge et jardin doré

Chacun renvoie à une couleur, un astre, un métal, un jour de la semaine, un état de l'eau et à un sens. Il est amusant de retrouver ces références par l'observation de la nature, des couleurs
dominantes et de la forme que prend l'eau (lorsqu'elle est présente !)... pour le reste, à chacun de déduire les alliances plus ou moins évidentes.
Un sixième et un septième sens ont été ajoutés : l'instinct (masculin) et l'intuition (féminine) !

couleur	*métal*	*astre*	*jour*	*état de l'eau*	*sens*
gris argenté	*argent*	*Lune*	*lundi*	*rivière*	*vue*
rouge	*fer*	*Mars*	*mardi*	*cascade*	*goût*
orange	*mercure*	*Mercure*	*mercredi*	*ruisseau*	*toucher*
vert	*étain*	*Jupiter*	*jeudi*	*source*	*ouïe*
bleu	*cuivre*	*Vénus*	*vendredi*	*pluie*	*odorat*
doré	*or*	*Soleil*	*dimanche*	*évaporation*	*intuition*
noir	*plomb*	*Saturne*	*samedi*		*instinct*

À voir dans ce jardin

Le jardin en mouvement

Proche de la Seine, la nature paraît s'épanouir librement : coquelicots, chardons et autres plantes fleuries se mêlent aux herbes folles, aux graminées, aux digitales. Ce désordre, cher à Gilles Clément, est pourtant composé avec une minutie extrême et ne se reproduira jamais de la même façon.

Serre et orangerie

Deux imposantes constructions de verre et de teck de 15 m de haut, œuvres de Peter Rice, répondent par leur transparence et leur verticalité aux 120 jets d'eau modulables (pas moins de 42 figures différentes) qui bondissent comme une foule animée sur le péristyle. L'une est un jardin d'hiver accueillant des plantes australes et l'autre une orangerie comme on en trouvait traditionnellement dans les jardins attachés aux demeures luxueuses. L'été, elle sert de lieu d'exposition.

Sur une vaste terrasse dans une allée très calme
Le Quinzième
14, rue Cauchy, 01 45 54 43 43 (50-100 €)
Fermé lundi et samedi midi
et dimanche toute la journée

Page de droite, jardin vert.

Histoire d'eau

Allée des Cygnes

Accès : ponts de Grenelle et de Bir-Hakeim, XVème
Métro : Bir-Hakeim, RER : Champs de Mars-Tour Eiffel, Kennedy-Radio-France.
Bus : 42, 70, 72
Superficie : 9 350 m²
Date de création : 1825

Le seul espace vert de Paris, entièrement entouré d'eau, ne possède pourtant aucune arrivée d'eau, au grand regret des jardiniers !
Le nom de l'allée rappelle une autre île de la Seine, disparue depuis qu'elle fut reliée à la rive gauche en 1825, sur laquelle Louis XIV avait fait installer, pour son bon plaisir, des cygnes importés spécialement de Suède et du Danemark.
Son originalité vient de son étroitesse (11 m sur 850 m) mais également de cette statue de la Liberté aux allures de figure de proue.
Offerte par les États-Unis à la France, cette copie réduite est aussi l'œuvre de Bartoldi (le jardin du Luxembourg en possède également une, ainsi que le musée des Arts et Métiers).

Ici c'est l'échanson qui vous fait savamment la leçon et vous apprend, avec passion, comment mieux marier , à l'unisson,les mets et les vins d'une région de prédilection

Harmonies, mets et vins
Hôtel Mercure, 23, rue de la Fédération
01 45 78 55 41 (35 €)
Ouvert de 6 h 30 à 22 h 30

Le palmarium : une cathédrale de verdure

Serres d'Auteuil

Accès : 3, avenue de la Porte d'Auteuil et 1, avenue Gordon-Bennett
Métro : Porte d'Auteuil
Bus : 32, 52, 123, 241, PC
Entrée payante, de 10 h à 17 h l'hiver et 18 h l'été

Cette immense construction de verre et de métal, avec son dôme central surélevé, entièrement rénovée en 1999, est l'une des plus remarquables du genre en Europe. On y accède librement et, l'hiver, dans l'un des lieux les mieux chauffés de Paris, on se promène sous de grands palmiers, des arbres et des arbustes subtropicaux et tropicaux. Quelques tables de jardin sont à la disposition des visiteurs en général aussi silencieux et respectueux que dans une église ! Dans cette cathédrale de verdure, vous aurez le loisir de vous asseoir, d'écouter le gargouillis de l'eau ou le chant des oiseaux exotiques, de regarder les carpes japonaises dans le bassin, de rêver... Rien ne paraît altérer ce merveilleux sentiment de liberté et d'harmonie qui se dégage d'un des lieux les plus exceptionnels de Paris.

À voir sur le chemin

Jardin des Poètes

Accès : avenue du Général Sarrail, avenue de la Porte d'Auteuil

Superficie : 13 400 m²

Date de création : 1954

Un jardin dédié à la poésie... qui en manque peut-être un tantinet. Une quarantaine de cartels donnent à lire quelques vers d'écrivains connus ou méconnus : Verlaine, Mallarmé, Lamartine, Boileau ou Parny. Au printemps et en été, l'endroit est agréable, ombragé et fleuri.

Face au mythique court central de terre battue

Le Roland Garros

2 bis, avenue Gordon-Bennett,
01 47 43 49 56 (60-90 €)
Fermé les samedi et dimanche

Sur la verte terrasse arborée, dans l'enceinte du stade

Le Jean Bouin

26, avenue du Général Sarrail,
01 40 71 61 00 (30-60 €)
Fermé le dimanche soir

Le pari fou de Bagatelle

Parc de Bagatelle

Accès : allée de Longchamp, route de Sèvres à Neuilly
Métro : Pont de Neuilly puis bus 43 ou Porte Maillot puis bus 244
Bus : 43, 244
Superficie : 24 ha
Entrée payante, de 9 h à 19 h, variable suivant la saison

Les Jardins de Bagatelle
01 40 67 98 29 (55 €)
Ouvert tous les jours midi et soir

Jeune frère de Louis XVI, le fastueux comte d'Artois n'avait que 18 ans lorsqu'il acquit, en 1775, une propriété près du bois de Boulogne où il aimait chasser le daim. D'un tempérament fort audacieux, il osa parier avec sa belle-sœur, Marie-Antoinette, que lorsque la cour reviendrait de Fontainebleau, deux mois plus tard, il pourrait l'accueillir dans sa nouvelle demeure de Bagatelle !
Son architecte, Bellanger, dessina les plans en une nuit. Huit à neuf cents ouvriers travaillèrent 24 h sur 24 et les travaux, commencés le 21 septembre 1777, furent achevés le 26 novembre. 64 jours pour concevoir ce pavillon et une partie du jardin : une prouesse. Le second miracle est qu'ils soient toujours là... près de 250 ans après !
Autre merveille, le parc, confié successivement à trois grands créateurs (Thomas Blaikie, Louis-Sulpice Varé et Claude-Nicolas Forestier) garde l'aspect d'un harmonieux domaine privé.

Ruines de ruines et autres fabriques

Bagatelle avait son lot de fabriques, pagodes, kiosques, ponts... propices aux rêves exotiques et au dépaysement.
La pagode d'origine, de style chinois, fut achetée par lord Astor pour son domaine de Cliveden, dans le Buckinghamshire où elle est toujours visible. La pagode vert d'eau, n'est qu'une copie.
Il y avait à Bagatelle une glacière comme dans toutes les bonnes maisons à cette époque.
Elle subsiste sous les ruines, dans la partie la plus ancienne du jardin, mais l'accès n'est pas autorisé.
Les ruines de Longchamp, elles, ont été construites de toutes pièces au début du XIXe siècle et bien entendu n'ont rien à voir avec l'abbaye. L'impératrice Eugénie s'installait, dit-on, dans le kiosque, pour voir évoluer son fils à cheval dans la carrière remplacée depuis 1907 par une roseraie.

À savoir

Le concours de roses nouvelles

Cette tradition créée par Forestier en 1907 tient bon. Les obtenteurs (créateurs de roses) envoient un groupe de cinq rosiers qui sont plantés dans l'un des deux espaces de la roseraie prévus pour le concours (au milieu et dans la partie extérieure, du côté de l'orangerie).
Ils sont cultivés pendant deux ans. Trois jurys déterminent les prix. La commission permanente (50 % des voix) suit l'évolution des plants, des maladies éventuelles, la commission des nouveautés (25 % des voix) estime le caractère « nouveau » des plants. Enfin le grand jury (25 % des voix) se réunit le troisième jeudi de juin pour évaluer, par coup de cœur, les roses en plein épanouissement. Les rosiers primés sont replantés dans la roseraie qui constitue un des plus beaux catalogues vivants de France : 1 100 variétés et environ 10 000 plants. Qui dit mieux ?

Un manège digne d'un musée

Jardin du Ranelagh

Accès : rues du Ranelagh, Ingres, Prudhon, Raphaël
Métro : Muette
Bus : 22, 32, 52, 63, PC1

Ce manège, construit entièrement à la main en 1927 en remplacement du précédent, fonctionne par traction humaine (quelquefois quand même avec une manivelle). « Lorsque les enfants grimpent sur les chevaux, c'est pour 25 tours. Cela représente une marche de 400 m pour moi » dit le maître de manège. Les enfants essayent à chaque passage d'attraper un anneau. Celui qui en aura le plus grand nombre aura un tour gratuit. « Ce jeu de bague se pratiquait à Versailles au temps de la reine Marie-Antoinette », ajoute notre infatigable pousseur.

Pour les enfants également

Des ânes citadins

Depuis quatre générations, presque cent ans, la même famille a la concession de ces promenades à dos d'âne non seulement au Ranelagh mais également aux Tuileries, Luxembourg et Champs de Mars. Cette écurie de 40 ânes et poneys trouve refuge le soir venu au rez-de-chaussée d'une HLM dans le 15e arrondissement lorsque leurs petits clients « de 8 mois à 10 ans » s'endorment douillettement en rêvant de grandes chevauchées à travers les steppes.

À savoir

Le premier vol humain

(Rappelé par la rue Pilâtre du Rosier, à l'est)

Le premier vol humain mondial eut lieu à partir du parc du château de la Muette dont le Ranelagh occupe, de nos jours, une petite partie.

Les frères Montgolfier avaient inventé le ballon à air chaud en 1783. Dès cette année-là, le premier vol habité fut réalisé à Versailles en présence de Louis XVI : un coq, un canard et un mouton qui avaient pris place dans la nacelle revinrent sains et saufs à terre, si bien que cette aventure valut au mouton l'honneur de terminer sa vie dans la ménagerie royale !

Quelques mois plus tard, deux hommes tentèrent à leur tour l'expérience. Pilâtre du Rosier et le marquis d'Arlande s'envolèrent du château de la Muette le 21 novembre 1783 pour atterrir 25 mn plus tard à la Butte aux Cailles : ils avaient effectué 9 km et atteint 1 000 m d'altitude au-dessus des Tuileries.

Sur une terrasse fleurie en plein milieu du lac

Le Chalet des îles

Lac du bois de Boulogne,

01 42 88 04 69 (50 €)

Ouvert tous les jours midi et soir

Puisque le train ne siffle plus

Petite ceinture

Entre la gare d'Auteuil et la gare de la Muette (rue du Ranelagh)
Accès par le boulevard de Montmorency et le boulevard Beauséjour
Métro : Porte d'Auteuil, La Muette

Quelle bonne idée : la Direction des Espaces verts et de l'Equipement a acquis auprès de Réseau ferré de France la presque totalité des espaces qu'occupait autrefois le chemin de fer de la Petite Ceinture. Désaffectés, les voies restaient parfois accessibles mais il fallait faire preuve d'un esprit d'aventure certain. Heureusement la Mairie de Paris a pensé à vous, amateurs de balades inédites. C'est facile d'oublier les immeubles alentours quand on regarde la nature changer de couleurs au fil des saisons.

À voir aussi

D'AUTRES JARDINS SUR L'ANCIEN RÉSEAU FERRÉ

15e arrondissement : entre la rue Saint-Charles et la rue Olivier-de-Serres
17e arrondissement : Jardin de la rue du Colonel Manhès de la rue Pouchet au square Boulay-Level
18e arrondissement : Jardin du Ruisseau, gare d'Ornano

Sur la terrasse d'anciennes gares de la Petite Ceinture, celle de La Muette et celle d'Auteuil

La Gare

19, Chaussée de la Muette, 01 42 15 31 (35-55 €)
Ouvert tous les jours midi et soir

Tsé

78, rue d'Auteuil, 01 40 71 11 90 (45 €)
Ouvert tous les jours de 10 h 30 à 3 h

Quelques arbres remarquables (ou trop remarqués !)

Jardins du Trocadéro

Accès : place du Trocadéro et Onze-Novembre, rue Benjamin-Franklin, avenue Albert de Mun,
Métro : Trocadéro
Bus : 30, 32, 63
Batobus : Tour Eiffel
Superficie : 93 930 m²

« Pour vivre heureux, vivons cachés », telle pourrait être la devise de l'arbre de la Liberté, un chêne rouvre (*Quercus sessiliflora*), planté dans le jardin en 1989, à l'occasion du bicentenaire de la Révolution. Il fut arraché et replanté trois fois en quelques années jusqu'au jour où, astucieusement, on enleva la plaque commémorative. Maintenant préservé par son anonymat des saccages de probables légitimistes, il croît paisiblement.

Le séquoia (*Sequoia sempervirens*, séquoia toujours vert) planté par Mme Mitterrand en 1989 aussi se trouve dans l'allée, de l'autre côté des bassins ; c'est le don du peuple américain au peuple français à l'occasion du bicentenaire des droits de l'homme et le témoin de deux siècles d'amitié (les séquoias ont la réputation de vivre très longtemps !)
Le ptérocarya (*Pterocarya fraxinifolia*) serait parmi les plus vieux de Paris : sa circonférence atteint 6,50 m ; il fut planté en 1891, lors de la remise en état du Trocadéro après l'Exposition de 1889.
Dans la vallée suisse, vous remarquerez des ifs taillés en nuages qui ressemblent à des bonsaïs géants. Leur forme est à l'initiative des jardiniers. Ce travail exige de longues années de patience. Malheureusement, il arrive que des vandales nocturnes cassent des branches, amputant, sans en mesurer la gravité, de véritables œuvres d'art.

À voir dans le jardin

Des vestiges de l'Hôtel de Ville et du palais des Tuileries

Jardin est, côté Passy partie basse

L'Hôtel de Ville de Paris (construit par Dominique de Cortone, dit Bocador, sous François Ier) et le Palais des Tuileries (édifié par Philibert Delorme pour Catherine de Médicis) furent tous deux incendiés par les communards le 23 mai 1871. Un fragment de chaque bâtiment a été transporté ici. D'autres vestiges de l'Hôtel de Ville se trouvent dans le 4e arrondissement, squares Léopold Achille, rue du Parc Royal, et Georges Caïn, rue Payenne, ainsi qu'au Parc Monceau (arcade près de la naumachie).

L'aquarium

Partie latérale côté Paris

Le premier aquarium du Trocadéro, construit en 1867 pour l'Exposition universelle, fut remplacé par un autre pour l'Exposition de 1878. Ce dernier, agrandi et rénové pour l'Exposition de 1937, dut fermer en 1985 car trop vétuste. Plus de 20 ans après, ce lieu a été complètement repensé par les architectes Christian Marina et Philippe Pick pour le compte de la société japonaise Moritabu. Un grand aquarium de 15 m de profondeur contenant 2,7 millions de litres d'eau de mer, et 42 autres bassins accueillent requins et autre menu fretin (au total 12 000 sujets).
Dans cet antre souterrain (3 000 m^2), s'offre aussi au public un studio d'enregistrement et un restaurant japonais au style unique en France.

Les vignes des Coteaux de Passy

Pelouse sous le musée de l'Homme

En mémoire du passé viticole de Passy, ont été plantés quelques pieds de vigne (chasselas).
Le sol et l'ensoleillement paraissant favorables, cette culture devrait se développer dans les années à venir.
À bientôt donc les vendanges en face de la tour Eiffel !

Sur une terrasse avec vue sur la tour Eiffel en majesté

Café de l'Homme
Musée de l'Homme
17, place du Trocadéro, 01 44 05 30 15 (50 €)
Fermé le dimanche soir.

Café Carlu
Cité de l'Architecture et du Patrimoine
1, place du Trocadéro, 01 53 70 96 65 (25 €)
Ouvert de 11 h à 19 h.

Le jardin du panthéon bouddhique

Jardin japonais de l'annexe du musée national des Arts asiatiques

19, avenue d'Iéna
01 56 52 53 54
Métro : Iéna, RER : Pont de l'Alma
Batobus : Tour Eiffel
Bus : 9, 32, 63, 82
Ouvert de 13 h à 17 h sauf le mardi

Dans cet hôtel particulier, construit par le banquier Alfred Heidelbach (1852-1922), on vient admirer la collection de Bouddhas la plus importante d'Europe. Derrière la salle d'exposition, un jardin japonais de 450 m² a été créé, en 1991, par Robert Bazelaire, puis réorganisé, en 2001, par Bernard Peuble. Au centre, le pavillon de thé en bois est l'œuvre des meilleurs artistes et charpentiers japonais.

Le parcours, préparant le cœur et l'âme pour les cérémonies du thé, conduit d'une dalle de pierre à une autre, à travers une petite forêt de bambous, d'arbres exotiques, de végétaux bas. Ce lieu d'harmonie, de sérénité, d'ombre et de lumière donnerait l'impression d'être au bout du monde si les enfants braillards de l'école voisine, soudain, ne vous replongeaient brutalement dans la réalité d'un arrondissement très urbain.

Dans le petit jardin, qui sent bon la rose, d'un hôtel particulier du XIXe siècle
Les Arts
9 bis, avenue d'Iéna, 01 40 69 27 53 (50-75 €)
Ouvert midi et soir du lundi au vendredi

Paris par-dessus les toits, dans un havre de paix et de verdure
Jardins Plein Ciel
7e étage de l'hôtel Raphael, 17, avenue Kleber,
01 53 64 32 35 (75-100 €)
Ouvert midi et soir de mai à septembre ou octobre

Un vignoble à la mairie du 16e

Jardin caché de la mairie du 16e
71, avenue Henri-Martin
Métro : rue de la Pompe
Bus : 52, 63

Il faut faire preuve d'une certaine hardiesse pour oser traverser le grand hall de cette imposante mairie, arriver dans la cour arrière, tourner à droite et passer sous une voûte pour se trouver enfin, dans le « jardin de Monsieur le Maire », comme on l'appelle ici familièrement.
Ce jardin miniature (400 m^2) a tout d'un grand. Le promeneur, vous, moi, est invité à venir y méditer, même s'il ne porte pas la lourde charge de la municipalité. Deux bancs entourent une adorable pelouse ombragée de *Prunus pissardii* et sertie de plantes de terre de bruyère : azalées, fougères, hortensias, rhododendrons.
En poursuivant la petite allée, on parvient à un minuscule vignoble, installé en 1988 : du «chardonnay et plus récemment du seyval ; ce dernier s'acclimate nettement mieux ici » nous dit Jean-Marc qui l'entretenait depuis le premier jour. Un très beau figuier semble ici plus à l'aise que les ceps. Planté en hommage à Yitzhak Rabin, assassiné le 4 novembre 1995 (prix Nobel de la Paix, un an auparavant), il donne de beaux fruits gorgés de soleil... lorsque les usagers leur permettent d'arriver à maturité.

À voir tout près

LE PUITS ARTÉSIEN
Square Lamartine
Accès : avenue Victor-Hugo, avenue Henri-Martin
Suivez les visiteurs qui, bouteilles et bonbonnes à la main, pénètrent dans ce petit jardin où les gens du quartier viennent chercher de l'eau de source sans bourse délier.
À la demande du baron Haussmann qui cherchait un moyen pour alimenter les lacs du bois de Boulogne, l'ingénieur Charles Gosshelf Kind fora, non sans incidents techniques et durant 12 ans, pour enfin voir le 24 septembre 1861 à midi l'eau jaillir à 585,50 m ! Le débit de 25 000 m^3 à l'origine est aujourd'hui de 350 m^3. Le caractère ferrugineux des eaux, très régulièrement analysées, est dû à son acheminement à travers des canalisations de fer ! En 1994, le puits fut entièrement rénové ; sa profondeur est aujourd'hui de 647 m. L'eau est puisée dans la nappe de l'Albien qui fait partie du plan de secours de l'alimentation de Paris en eau.

Pages suivantes, dans les jardins de la mairie du 16e

Une œuvre d'art évolutive

Jardin aux Habitants

Accès : rue de la Manutention
Métro : Iéna, Pont de l'Alma
Bus : 42, 63, 80, 92

Il faut longer le mur ouest du Palais de Tokyo pour découvrir la création inattendue de l'artiste Robert Milin : un jardin à regarder comme une œuvre d'art.
Partagée en 16 parcelles, cette bande de terre est cultivée depuis plusieurs années par des jardiniers amateurs qui, tout en veillant sur leurs légumes et leurs fleurs, réalisent suivant les dires du plasticien « la transformation d'un bout de monde au niveau micro-social ».

À voir en passant

LE JARDIN SAUVAGE DU PALAIS DE TOKYO

Avenue du Président Wilson
Métro : Iéna

Si vous arrivez par l'avenue du Président Wilson, avant d'emprunter les marches pour aller voir les "Habitants" dont il a été question, semer, planter ou récolter, allez vite jeter un coup d'œil du haut de la passerelle, vous aurez une vue plongeante sur le jardin sauvage accolé au Palais de Tokyo.
Sauvage ? Enfin presque car les palmiers ou autres palmacées se plantent-ils tout seuls à Paris ?

Sur la terrasse en compagnie des statues du Palais de Tokyo et du musée d'Art Moderne

Tokyo Eat et Tokyo Self
13, avenue du Président Wilson, 01 47 20 00 29
(cafétéria 15 €, restaurant 40 €)
Ouvert tous les jours sauf lundi

Café terrasse du musée d'Art Moderne
11, avenue du Président Wilson, 01 53 67 40 47 (20-30 €)
Ouvert tous les jours sauf lundi
Brunch le dimanche

Une avenue digne du grand Alphand

Jardins de l'avenue Foch

Métro : Porte Dauphine, Charles de Gaulle-Étoile, RER : Avenue Foch, Étoile
Bus : 22, 30, 52, 73, 82, PC1
Superficie : 66 200 m²

Ma grand-mère parlait de l'avenue du bois. C'était effectivement son nom jusqu'en 1929. Créée par Alphand en 1855 pour relier Paris au bois de Boulogne, l'avenue Foch fut plantée à l'origine de 4 000 arbres, sans doute de petite taille et serrés. Aujourd'hui, en pleine maturité, ils ne sont plus que 600. Chaque année une quinzaine de sujets sont remplacés par 60 nouveaux. Les concepteurs désiraient que les espèces choisies correspondent au cheminement de la ville vers le bois : la partie vers l'Étoile comprenait des essences exotiques (séquoia, araucaria) et, au fur et à mesure que l'on se dirigeait vers le bois, on rencontrait des essences indigènes forestières.
Au niveau du n°22 se trouve un énorme monument dédié à Jean-Charles Alphand dont la silhouette domine nettement ses collaborateurs : l'architecte Davioud, l'ingénieur Belgrand, le jardinier Barillet-Deschamps. Ingénieur polytechnicien, Alphand fut, de 1852 à 1870, l'un des plus

proches collaborateurs du baron Haussmann, préfet de Paris sous Napoléon III. Après le renvoi d'Haussmann, il dirigea les services des Promenades et des Plantations, ancêtres de nos Parcs, Jardins et Espaces Verts actuels. Nous lui devons entre autres la conception des bois de Boulogne et de Vincennes, celle des Buttes-Chaumont, la rénovation du parc Monceau, le parc Montsouris, l'avenue de l'Observatoire, le boulevard Richard Lenoir, les jardins du Trocadéro, des Champs-Élysées, du Champ de Mars et de nombreux squares. Il dirigea enfin l'exposition de 1899, apothéose d'une carrière on ne peut mieux remplie. Sa mémoire méritait bien d'être honorée dans un lieu prestigieux comme cette avenue de l'Impératrice dont il fut l'un des concepteurs.

Sur la terrasse de ce café sportif, qui dispose de son propre court et dont la spécialité maison est la (re)diffusion des matchs, à l'écart des émissions et de la pollution
K'fé court
85, boulevard Flandrin , 01 44 05 11 70 (25 €)
Fermé dimanche et lundi soir

À 150 m de la Porte Dauphine

Des blockhaus de la guerre

À l'ouest, au 45, avenue du Maréchal Fayolle, deux blockhaus, vestiges de l'occupation allemande pendant la Seconde Guerre mondiale, sont toujours là. L'un sert de local à une troupe de scouts, l'autre a été donné en concession à un restaurant comme local de stockage. Un troisième est visible dans le bois de Boulogne.

Le jardin de Séoul

Jardin d'Acclimatation

Bois de Boulogne
Métro : Les Sablons, Pont de Neuilly
Bus : 43, 73, 82, 174, PC
La façon la plus ludique pour s'y rendre : emprunter, à proximité de la Porte Maillot le petit train qui conduit à travers bois jusqu'à l'entrée principale du jardin (départ toutes les 20 mn à partir de 10 h 15)
Le jardin est ouvert de mai à septembre de 10 h à 19 h et d'octobre à avril de 10 h à 18 h
Renseignements : 01 40 67 90 82, www.jardindacclimatation.fr

Effectuez 9 000 km en un seul pas dès lors que vous franchissez la Porte du Paradis de ce jardin coréen inattendu. Inauguré en 2002, ce lieu de rêverie et de poésie tranche avec l'animation tonitruante du reste du jardin d'Acclimatation.
Les enfants s'y aventurent peu. Sur la terrasse *d'où l'on regarde la lune*, vous contemplerez les ébats des canards et vous aurez plaisir à vous abriter sous le pavillon traditionnel (*Jugujeong*) aux formes inattendues et aux couleurs vives.
« Ce lieu est dédié à une douce spiritualité teintée de philosophie et ponctuée de symboles », indique le site Internet du jardin.

La maison de thé de Mademoiselle Li

Elle est installée dans l'ancienne salle d'expériences botaniques de l'Impératrice Eugénie, à l'arrière du bâtiment d'accueil, à droite de l'entrée Sablon proche de la gare du Petit Train
Ouverte le samedi et le dimanche de 12 h à 18 h (01 40 67 91 55)

Je ne sais qui est Mademoiselle Li, en revanche, vous rencontrerez certainement Hippolyte Romain, le maître des lieux, tout de noir habillé, illustrateur omniprésent dans le monde très sérieux de la mode et du luxe, écrivain, grand voyageur dont l'immense poésie et l'esprit ludique s'expriment avec raffinement dans sa mission de conseiller artistique au Jardin d'Acclimatation.
C'est à lui que l'on doit le petit cirque élégant et cette maison de thé, l'une des rares qui existent en France. Il se rend chaque année dans l'Empire du Milieu, afin de choisir pour nous les meilleurs thés et nous aide ici à les savourer en nous expliquant leurs propriétés, leur culture, les prix exorbitants auxquels il est parfois obligé de se soumettre. La carte ne ressemble à aucune autre.

Dans le jardin d'Acclimatation,
sur la terrasse d'un pavillon en lisière du jardin de Séoul
ou devant une ferme aux toitures de chaume et d'iris
ou encore sur la pelouse d'un cottage

Le Pavillon des Oiseaux
01 45 02 11 61 (27 €)
Brunch le dimanche

La Ferme du Golf
01 40 67 15 17 (30 €)
Brunch le dimanche

La Terrasse du Jardin
01 45 00 14 18 (25 €)

et pour une restauration rapide (sandwiches (2,50-4,50 €)

Le Chalet gourmand
Bar Côté Jardin
Café du village

Théâtre au Pré-Catelan

Jardin Shakespeare

Dans le bois de Boulogne
Métro : Porte Maillot puis bus 244
Ouvert de 14 h à 16 h
Représentations théâtrales samedi et dimanche de juin à septembre

À l'origine, sous Napoléon III, se tenait ici le célèbre Théâtre des Fleurs où l'on donnait, aux beaux jours, des représentations ou des concerts très courus. Il ferma après la Première Guerre mondiale pour ne revoir le jour qu'en 1953, grâce à l'initiative conjuguée de Joffret, conservateur en chef des Jardins de Paris, et d'une association anglaise, Les Amis de la France. Ils eurent l'idée d'un théâtre de verdure où les végétaux illustrent des passages ou le cadre de cinq pièces de Shakespeare.

À droite et à gauche du portail d'entrée, les plantations évoquent une forêt fantastique, celle de *Comme il vous plaira* dans les forêts d'Ardennes (Ardenne vient du celte et veut dire *chêne*). En suivant à droite le sentier haut et en contournant le théâtre dans le sens inverse des aiguilles d'une montre, vous rencontrerez successivement :

• *La Tempête* et une végétation méditerranéenne (palmier, arbousiers, romarin).

• *Hamlet* et les bruyères des pays du Nord. Le petit bassin rappelle la noyade d'Ophélie.

• *Le Songe d'une nuit d'été* (derrière la scène) et les figuiers, cyprès et acanthes de la Grèce. Cette pièce est certainement celle où l'on mentionne le plus de plantes.

• *Macbeth*, qui se déroule en Écosse (bruyères, ifs). Plusieurs carrés de rhubarbe illustrent la réplique : *quelle rhubarbe pourrait nous débarrasser de ces Anglais !*

À savoir

La brûlante histoire de Catelan

On raconte qu'Arnaud Catelan était un troubadour envoyé comme messager par Béatrice de Provence auprès de Philippe le Bel. Pour l'accueillir, le roi envoya un détachement de sa garde personnelle à sa rencontre dans le bois de Boulogne. Pensant que, si leur déplacement était nécessaire, le voyageur devait transporter de précieux cadeaux, les gardes tout de go l'assassinèrent et revinrent auprès du roi en disant qu'ils ne l'avaient pas vu. Malheureusement pour eux, on retrouva dans leur chambre les cadeaux qu'apportait Arnaud Catelan : des essences parfumées de Provence ! Les gardes du roi en eurent un souvenir éternel et cuisant... puisqu'ils périrent brûlés à petit feu sur le bûcher.

Pour une verte parenthèse de rêve sur la terrasse ombragée d'un ravissant pavillon Napoléon III au décor classé

Le Pré Catelan

Route de Suresnes
Bois de Boulogne , 01 44 14 41 14 (120 €)
Fermé dimanche et lundi, l'hiver, et dimanche soir et lundi, l'été

Sur de belles terrasses ensoleillées

Relais du bois de Boulogne

Route de Suresnes
Carrefour de la Croix-Catelan, 01 42 15 00 11 (25-40 €)
Fermé dimanche soir et lundi et en hiver

L'invasion des lapins malins

Jardin de la Porte Maillot

Place de la Porte-Maillot
RER : Porte Maillot
Bus : 73, 82, 244, PC1, PC3

Au centre de l'axe routier Étoile-Défense, qui aurait l'idée d'aller se réfugier dans ce terre-plein au milieu de la place Maillot ? Sans doute pas vous ; en revanche, des hordes de lapins de garenne ont pris possession de cet îlot de verdure dans un océan de voitures tourbillonnantes ! Inutile de tondre le gazon : en bons jardiniers, ils s'en chargent. Inutile de songer à planter une fleurette : en rongeurs dévastateurs, ils s'en chargent ! Plus aucun rosier, plus aucun massif ne survit face à l'offensive gloutonne de nos lapins qui, nous dit-on, sont suffisamment policés, et prudents, pour emprunter le passage souterrain lorsqu'ils s'en vont faire un petit tour au bois voisin. Les jours de marché, on assiste même au spectacle comique de dames bien intentionnées apportant carottes colorées et tendres navets, le tout sous le regard résigné des jardiniers, binant entre les terriers, et regrettant parfois que la chasse soit interdite à Paris.

Devant un pavillon de chasse Belle Époque en plein bois, au pied de la grande cascade
Pavillon de la Grande Cascade
Allée de Longchamp, Bois de Boulogne,
01 45 27 33 51 (70-120 €)
Ouvert tous les jours midi et soir

Des vautours qu'on aimerait bien voir s'envoler

Square des Batignolles
Accès : place Charles Fillion, rue Cardinet
Métro : Brochant, RER : Pont Cardinet
Bus : 31, 51, 53, 54, 66, 74
Superficie : 16 615 m²

Ils sont là, énormes et disproportionnés, sculptés dans la pierre triste et noire de Volvic, au centre du bassin. Ils sont là ces volatiles, attestant certes du talent de Louis Monard, artiste des années 1930, mais leur présence est un parfait anachronisme. Dans ce jardin, tout est mis en œuvre depuis quelques années pour retrouver l'esprit et les formes de la création d'origine due au talent d'Alphand : volumes, allées, mobilier en fonte, bancs, corbeilles fleuries, qui apparaissaient sur le plan d'origine, ont été reconstitués. Restent les vautours...

À savoir

En mémoire du café Guerbois, célèbre établissement du quartier fréquenté à la fin du XIXe siècle par les artistes, les poètes et les peintres impressionnistes (dont Mallarmé et Manet), les jardiniers, discrètement, introduisent des roses qui portent leurs noms. Vous trouverez ainsi des roses Fantin-Latour, un ancien habitant du quartier !

Un clocher, une place de village, un restaurant aux saveurs méditerranéennes avec sa terrasse chaleureuse aux parasols jaunes, bienvenue dans ce coin de Provence où ne manquent que les cigales

Le Jardin d'Isa

75, place du Dr Félix Lobligeois , 01 46 27 33 37 (45 €)
En hiver fermé les samedi midi, dimanche soir et lundi.

Les jardins hauts de Malesherbes

Jardins des Hauts-de-Malesherbes
Accès : rue Albert-Roussel, places Paul Tortellier, Louis Bernier et des Magasins de l'Opéra Comique
Métro : Wagram, Porte de Clichy
Bus : 59, 94, PC3

L'ancienne friche ferroviaire est remplacée par un ensemble immobilier construit autour d'un espace vert fort bien dessiné, savamment planté et merveilleusement entretenu.
Si le plan d'aménagement général a été conçu en 2005 par l'architecte Christian de Portzamparc, le jardin (6 100 m²) est l'œuvre de Thibault de Metz et Marie France.
Les allées, dont certaines bordées de pierres de récupération provenant du pont Neuf, serpentent autour des bosquets ; le terrain vallonné s'étire en pente douce vers les vestiges d'un pan des anciennes fortifications de monsieur Thiers. Aralia du Japon, camélia, cornouiller du Canada, vivaces, boules de neige ou mauves poussent parmi 200 autres essences variées.
Et comment ne pas être fasciné par l'immeuble qui clôt l'espace au nord-est ? Est-ce un immense mille-feuilles dégoulinant de crème à la pistache, une bambouseraie à étages ou... ?
On ne peut être qu'admiratif devant ce programme original où logements sociaux, équipements et espaces publics co-existent dans un souci de qualité et où les clins d'œil au passé font bon ménage avec les technologies novatrices.

Dans un discret jardin-terrasse, havre luxuriant
Les jardins d'Ampère
102, avenue de Villiers, 01 44 29 16 54 (33-36 €)
Ouvert tous les jours sauf le dimanche soir de 12 h à 14 h et de 19 h 30 à 22 h

Sportivement écolo

Parc Martin Luther King

Rue Cardinet
Metro : Brochant et Porte de Clichy
Bus 31, 54, 74

Depuis décembre 2008, le parc, baptisé à l'origine Clichy-Batignolles, rend hommage au pasteur américain Martin Luther King (1929-1968), prix Nobel de la paix en 1964, qui lutta toute sa vie contre les préjugés raciaux aux Etats-Unis.
Il a de quoi surprendre ce parc de 10 ha qui veut relier les quartiers des Epinettes à Péreire et des Batignolles au boulevard Berthier. La paysagiste Jacqueline Osty et son équipe y travaillent depuis 2004 et déclinent 3 thèmes : les saisons, le sport et l'eau.
Les terrains de sport sont multiples mais surtout, et c'est plus insolite, des buttes de 1 à 4 m de haut évoquent un muscle de la jambe. Ces courbes contrastent avec l'aspect rectiligne des allées. Du haut de chaque plate-forme, les différentes ambiances végétales se révèlent au regard.
Autre originalité : en souvenir du site SNCF, le jardin du Rail et les rails incrustés dans le sol qui guident le visiteur vers l'intérieur du parc.

Les « gradines », ou gradins, ponctuées de saules et de bancs, permettent de contempler le bassin biotope (3 000 m²) qui longe la Petite Ceinture et abrite nénuphars, iris, roseaux, joncs fleuris..., un écosystème riche et varié.
Alimenté en eau non potable et en eau de pluie, le bassin permet une épuration naturelle de l'eau par décantation et grâce à la filtration de plantes spécifiques ; cette eau est utilisée en partie pour l'arrosage du parc, en complément des eaux pluviales.
Le toit du bâtiment de la Forge (XIXe siècle) est partiellement recouvert de panneaux solaires. Une centrale solaire thermique de surface (22 m²) chauffe l'eau des sanitaires des locaux techniques et une centrale solaire photovoltaïque (135 m²) couvre les besoins en énergie pour l'éclairage du parc.

À voir à côté

JARDIN DES DEUX-NÈTHES
Avenue de Clichy, rue Cavalotti, impasse des Deux-Nèthes, impasse de la Défense
Métro : Place de Clichy
Bus : 54, 74, 81

Dans ce jardin tout en longueur, créé en 2003, le charme, et l'insolite, réside dans ses abords : des impasses dont les pavés anciens ont été admirablement restaurés.
Au fond du jardin, l'ancienne cour a, elle aussi, conservé son pavage d'origine.
Signalons au passage, dans l'impasse de La Défense, le café du Bal (espace d'exposition de photos) dont les baies s'ouvrent sur le jardin.
Un bout de jardin se partage entre associations de riverains et des écoles et un mur végétalisé a vu le jour 22, avenue de Clichy.
Juste en face des jardins partagés, sur une fresque géante, inaugurée en février 2011, JonOne a « graffé » le texte de l'appel de l'hiver 54 pour reproduire les traits de l'abbé Pierre.

Le square le plus secret

Square Ernest-Chausson

Accès : 55, avenue de Clichy
Métro : La Fourche
Bus : 54, 74, 81

Franchissez le porche de l'immeuble du 55, avenue de Clichy : vous serez étonné de vous retrouver soudain dans un puits de verdure. L'austérité des façades est rompue par des bambous légers s'élevant dans un enchevêtrement désordonné, un tapis de plantes naines, des hortensias et clématites, un magnolia jaune (rare), des rosiers palissés, de la vigne vierge et du faux jasmin. De la terrasse, vous aurez une vue cavalière sur l'ensemble de ce jardinet de 967 m², créé en 1999 et fort bien isolé de la rue bruyante et animée.

À voir tout près

COUR SAINT-PIERRE
47, avenue de Clichy
On dirait la rue d'un village participant au concours des plus beaux villages fleuris de France.

Au Bonheur des Dames : quelques tables sous les arbres du petit jardin intérieur
Bistrot des Dames
18, rue des Dames, 01 45 22 13 42 (25 €)
Ouvert du lundi au vendredi de 12 h à 15 h et de 19 h à 2 h, le week-end de 12 h 30 à 2 h

Le sauvageon du 18e

Jardin sauvage Saint-Vincent

Accès : rue Saint-Vincent
Métro : Lamarck-Caulaincourt
Bus : 80, Montmartrobus
Ouvert le samedi d'avril à octobre de 10 h 30 à 12 h 30 et de 14 h à 18 h

Faisant auparavant partie du jardin de l'hôtel Demarne transformé en musée du Vieux Montmartre, ce petit espace de 1 480 m² fut laissé à l'abandon pendant 15 ans pour recréer un lieu naturel. Lorsqu'il fut ouvert au public en 1985, il s'agissait déjà de protéger la nature sauvage et de favoriser la bio-diversité. Orties, chélidoine, ruine de Rome, armoise, benoîte, mousses s'épanouissent dans un désordre à faire retourner le grand Le Nôtre dans sa tombe. Les jardiniers interviennent au minimum. À peine élaguent-ils ou fauchent-ils, une ou deux fois par an, les abords pour permettre aux visiteurs de circuler. Bien entendu, jamais aucun insecticide n'est introduit dans ce jardin où les écoliers viennent nombreux dans la semaine pour observer la nature. Au prix du m² dans le quartier, on imagine que ce jardin n'est pas le désespoir du peintre, mais plutôt celui des promoteurs immobiliers !

Sur une terrasse qui croule sous les feuillages et semble suspendue au-dessus des marches d'escalier qui escaladent la Butte
A. Beauvilliers
52, rue Lamarck, 01 42 55 05 42 (60 €)
Fermé dimanche et lundi

Dans une petite cour ornée de plantes grimpantes et de fleurs en pots
Le Vieux Chalet
14 bis rue Norvins, 01 46 06 21 44 (18 €)
Ouvert du mardi au samedi midi et soir et dimanche pour le déjeuner

Soyons Raisonnables... Exigeons L'impossible...
je t'aime
Te quiero
SZERETLEK
ASSAVAKKIT
NIMITZTLAZO
ILIBESC
NDIKUKONDA
Ndagukunda
Ek het jou lief
Ngiya kuthanda
JAG ÄLSKAR DIG
Жакшы Көрөмү
Aku tresno karo kowé

Un mur murmurant d'amour

Square Jehan-Rictus
Accès : place des Abbesses,
Métro : Abbesses
Bus : Montmartrobus, 30, 54, 67

Si vous êtes en manque d'amour ou si vous avez envie d'apprendre les langues étrangères, entrez dans ce square où vous lirez 311 fois *je t'aime* inscrit sur le mur en... 280 langues. Cela fait un bien fou !
Frédéric Baron, auteur-compositeur, reçut un jour de son frère une feuille sur laquelle cette petite phrase toute simple, mais bien émouvante, était écrite. Il en fût bouleversé et se mit à collectionner les *je t'aime* du monde entier. En 2000, après 8 ans de quête auprès de son entourage et de gens rencontrés dans la rue ou dans les ambassades, il conçut ce mur de 511 carreaux de lave émaillée au format de la fameuse feuille (21 x 29,7 cm). Claire Kito, calligraphe, réécrivit tous les messages à la même taille. Les petites taches rouges entre les lettres sont des éclats de cœurs brisés. Un site est à votre disposition : www.lesjetaime.com. Il permet d'envoyer des *je t'aime* en japonais, arménien ou autres langues de votre choix.

Un balcon verdoyant en apesanteur dans le ciel, avec vue panoramique époustouflante
Terrass hôtel
12, rue Joseph-de-Maistre , 01 46 06 72 85 (22-37 €)
Ouvert tous les jours sauf le dimanche soir de 12 h à 14 h et de 19 h 30 à 22 h 30

Le fabuleux destin d'un grenadier de Provence

Square Willette

Accès : place Saint-Pierre, rues Ronsard, Paul Albert, Maurice Utrillo, du Cardinal Dubois
Métro : Anvers
Funiculaire : Gare Haute
Bus : 30, 54, Montmartrobus

Laissez les hordes de touristes, sortant du métro Anvers, grimper tout droit par les escaliers raides pour atteindre, essoufflés, l'esplanade de la basilique du Sacré-Cœur envahie par les marchands de souvenirs qui les accueilleront avec un beau sourire commercial. Préférez emprunter à droite, en bas des marches, le petit sentier qui caracoleen pente douce sous les arbres dont certains,comme l'oranger des Osages planté en 1922(Maclura aurantiaca) ou le plus gros févier d'Amérique de l'arrondissement (Gleditsia triacanthos) sont remarquables.
Cette promenade dépaysante fait découvrir, à la fin de son parcours, un incroyable coin de végétation méditerranéenne avec un pin majestueux, un grenadier tout en fleurs ou en fruits suivant la saison, un somptueux figuier et un micocoulier qui s'épanouissent là en pleine terre, à l'abri du mur offrant des conditions propices à cette végétation inattendue à Paris... surtout à proximité de son point culminant (130 m).
Hélas, les cigales sont absentes !

Allez aussi voir les émaux à l'intérieur de cette ancienne boulangerie
L'Eté en pente douce
23, rue Müller
01 42 64 02 67 (25 €)
Ouvert tous les jours de 12 h à 1 h

La piquette de Montmartre

Clos Montmartre
Accès : 14-18, rue des Saules
Métro : Lamarck-Caulaincourt
Bus : 80, Montmartrobus

Avec ses 1 900 ceps, cette vigne est sans doute l'une des plus connues et des plus visitées de France. Certes moins réputée pour la qualité de son vin que pour sa situation au cœur de l'ancienne commune libre de Montmartre, elle rappelle les nombreuses vignes qui couvraient autrefois la butte. Les cépages produisaient la célèbre *piquette*. Elle fut replantée il y a plus de 70 ans (en grande part de gamay et pinot noir auxquels s'ajoutent 25 autres cépages) en réaction contre des investissements immobiliers. Les premières vendanges eurent lieu sous le parrainage de Mistinguett et de Fernandel. Depuis, chaque année, le premier week-end d'octobre, la cérémonie se renouvelle tambours battants et en fanfare.
Le raisin, pressé dans la cave de la mairie du 18e, produit environ 1 500 bouteilles de 50 cl qui sont vendues l'année suivante au profit des œuvres sociales.
Cette vigne cocasse par son orientation plein nord l'est aussi par le déroulement anticipé des vraies vendanges quelques jours avant le dimanche de la fête pour laquelle seuls trois rangs sont gardés. Mais chut !

Aux quatre vents

Jardins d'Eole
Rue d'Aubervilliers
Métro : Stalingrad
Bus : 54

Encore un jardin géant (plus de 4 ha) tout en longueur reconquis en 2007 sur des terrains de la SNCF.
C'est peut-être l'exemple type du nouveau jardin, original dans sa conception même. Un sociologue a joué le rôle d'intermédiaire entre futurs usagers et concepteurs-paysagistes. Les attentes des habitants du quartier ont donc été prises en compte et ces derniers ont eu droit à des informations très précises sur les différents lieux et équipements qui devaient être mis à leur disposition. Un jardin convivial dès sa conception, cela méritait d'être noté.

Et un jardin bien sympathique où l'éclairage contribue à donner un sentiment de sécurité : de grands mâts de 15 m de haut, des bornes lumineuses pour la circulation, des projecteurs... et où les huit fontaines à boire sont intégrées dans un meuble en béton facilitant l'accès des personnes à mobilité réduite. Et enfin un jardin qui protège l'environnement : la démarche écologique est très claire et les jardiniers y ont été sensibilisés d'emblée. Les prairies sont fauchées à la main et les feuilles conservées dans les massifs arbustifs pour fabriquer du compost ; le public peut jeter ses déchets dans les corbeilles mises en place pour la collecte sélective ; le circuit des eaux du canal est fermé ; les eaux de ruissellement sont rejetées dans le sous-sol ou les zones plantées ; les végétaux, choisis afin d'encourager la biodiversité, s'épanouissent dans des milieux écologiques variés tels jardin de graviers, canal planté, grande prairie et pelouse fleurie, arbres en bosquet, jardin de vivaces, jardin de graminées.

Des petits coins de bonheur partagés

Depuis 2001, les jardins partagés se sont développés en grand nombre dans le 19e arrondissement, sans doute grâce au dynamisme de l'association gestionnaire des centres sociaux du quartier (Espace 19) et à la multiplicité de terrains en friche disponibles (momentanément).

La charmante petite campagne urbaine

Accès : rue de la Marne
Métro : Ourcq
Bus : 60

À quelques pas du canal Saint Martin, cette parcelle trapézoïdale est blottie au pied de l'impressionnant mur de l'usine de chauffage urbain. Ici, les jardiniers amateurs cultivent en commun fleurs et fruits, autour d'une mare qu'ils ont eux-mêmes creusée. Elle reste leur fierté ainsi que la remarquable reconstitution de l'horloge florale de Linné, inventée au XVIIIe siècle par le botaniste suédois et créée ici à l'initiative du réalisateur

Jean-Paul Potonet, habitant le quartier. En s'ouvrant et se fermant, les fleurs marquent les heures : par exemple, à 7 h s'épanouissent les nymphéas et les œillets d'Inde, à midi, voici le tour de la *Passiflora caerulae* et à 17 h celui de la belle de nuit.
Autre initiative originale : un mur végétal essaye, bon an, mal an, de se développer modestement sur une palette de chantier. La mort de cet espace fourmillant de vie et d'idées est annoncée, dès que les projets immobiliers reprendront possession du lieu.

Jardin Léon

18, rue Léon-Giraud
Métro : Ourcq
Bus : 60
Renseignements : Espace 19 - 175, rue de Crimée. 01 40 05 91 54

L'initiative de l'OPAC (Office public d'aménagement et de construction), propriétaire du terrain, de remplacer un parking, au centre d'une cité HLM, par un jardin collectif est suffisamment originale pour être remarquée et remarquable. Certes, cela ne fut pas du goût de tous mais, au fil des mois et des années, l'idée et le jardin prirent du terrain.
Belle idée également que d'avoir dessiné au sol un immense poisson dont les écailles, la tête et les nageoires sont autant de parcelles individuelles : une jolie version jardinière d'*Arc en Ciel, le plus beau poisson de l'océan* !
Chacun reçoit une écaille pour un an et la cultive suivant son inspiration.
Le jardin Léon est à la fois l'un des plus vivants et l'un des plus calmes du quartier. L'été, les habitants des immeubles voisins descendent pique-niquer, boire le thé à la menthe et se passer le narguilé tout en regardant les plus courageux arroser leurs parcelles ; leur écaille n'est-elle pas la plus belle ?

D'autres jardins partagés dans le quartier

La serre a Legumes, 57, *rue de Flandre*
Le potager Tanger-Maroc, 49 *ter, avenue de Flandre*
Le jardin du P'tit bol d'air, 5, *rue d'Argonne*
Jardin partagé du square Petit, 25-31, *rue Petit*
Chacun a son histoire très particulière, ses coutumes, ses habitués mais tous deviennent au fil des ans des lieux de cohésion sociale, d'échanges, pas seulement agricoles, et de liens entre les générations. Les enfants du béton mettent les doigts dans la terre et les vieux émigrés font revivre l'histoire de leur pays d'origine au bout de la bêche.

Pages suivantes : épouvantails dans le potager Tanger-Maroc et le jardin du P'tit Bol d'air.

Dix jardins à thèmes

Parc de la Villette

Accès : 211, avenue Jean-Jaurès
Visites guidées : 01 40 03 75 64
Métro : Porte de Pantin
Bus : 72, 75, 151, PC2, PC3

Ce parc est assurément le plus ludique, le plus vivant, le plus varié, le plus inventif de Paris. Réalisé entre 1987 et 1991 sur le concept de l'architecte-paysagiste Bernard Tschumi, il
est résolument différent des jardins habituels car nous y trouvons, certes, de grandes pelouses, mais les arbres y sont rares et les plates-bandes fleuries absentes.
L'espace, très ouvert, est parsemé d'une trentaine de folies de couleur flamboyante, toutes différentes les unes des autres.
Le mobilier original (bancs, chaises, réverbères, bornes lumineuses) a été spécialement dessiné par des designers contemporains.
Le plus amusant reste la découverte, ça et là, d'une dizaine de jardins thématiques aussi variés qu'inventifs. Le jardin des Bambous, réalisé par Alexandre Chemetoff dans une vallée isolée, presque cachée, est une prolifération quasi équatoriale de divers bambous sous lesquels les enfants s'enfoncent comme dans une forêt vierge. Le jardin des Dunes, lui, leur est exclusivement réservé : ils sautent sur des matelas d'air ou d'eau, se faufilent dans des grottes, traversent des tunnels, activent une éolienne à pédale. Plus loin, le jardin des Treilles est une succession de terrasses au-dessus desquelles grimpent de belles vignes et en-dessous desquelles l'eau ruisselle . Une ambiance presque italienne imprègne ce lieu, entre chaleur et fraîcheur.

Il n'est pas interdit de s'admirer au passage dans la forêt de miroirs plantés sous les pins du jardin des Miroirs ou d'échanger des mots doux à distance, d'une coupole à l'autre dans le jardin des Voltiges à moins que l'on ne préfère se perdre dans la fraîcheur du jardin des Brouillards... Que de possibilités, du dragon-toboggan géant au sous-marin miniature. L'installation la plus saugrenue reste la Bicyclette ensevelie, ce vélocipède démesuré, dont seule une partie du guidon et d'une roue, la selle et une pédale sortent de terre. Attention : le plus grand respect est exigé, les bambins ne pourront pas grimper sur ces perchoirs, pourtant attirants, car nous sommes en présence d'une œuvre de Claes Oldenborg et Coosjevan Bruggen, réalisée en 1990.

Sur une vaste terrasse au bord du canal de l'Ourcq, ambiance pont de bateau, mobilier en teck
La Guinguette Vapeur
Rond-point des Canaux, canal de l'Ourcq
01 40 03 72 21 (22 €)
Ouvert tous les jours de 11 h à 23 h

À l'entrée du parc de La Villette, en terrasse l'été
Café de la Musique
213, av. Jean Jaurès, place de la Fontaine aux Lions
01 48 03 15 91 (30 €)
Du mardi au samedi de 8 h à 2 h
Brunch le dimanche

Dans le parc en été

Un film sous les étoiles

À la nuit tombée, en juillet et août, un écran géant est déployé dans la verte prairie. Les cinéphiles peuvent même louer transats et couvertures.

Pourquoi Ève tourne-t-elle le dos ?

Square de la Butte-du-Chapeau-Rouge

Accès : avenue Debidour, boulevard d'Algérie
Métro : Pré-Saint-Gervais
Bus : 48, 61, PC2

Si vous ne connaissez pas ce vaste jardin, vous serez étonné par la vue panoramique qu'il offre de la capitale. Créé dans les années 1930, comme le square René Le Gall ou le parc Kellermann, il est l'œuvre des meilleurs architectes de l'époque : Azéma, Carlu et Boileau (comme au Trocadéro). Le 13 mai 1939, jour de l'inauguration, les officiels affirment que « ce square de 4 ha n'est qu'une partie d'un grand parc qui s'étendra jusqu'à la Porte des Lilas, sur 16 ha ». Malheureusement, nous étions à la veille de la Seconde Guerre mondiale et l'extension ne se fit jamais. C'est pour cela que la fontaine est aussi étrangement mal placée par rapport au plan général et qu'Ève, qui domine le buffet d'eau, semble presque tourner le dos au jardin.

En sortant du parc par le boulevard Serrurier

LE QUARTIER DE LA MOUZAÏA

Cet ensemble de maisonnettes avec jardins, rues en pente, arbres et murets envahis par la verdure a le charme désuet d'un quartier préservé des grands ensembles immobiliers, en raison de la fragilité du sol due à la présence de carrières sous-jacentes. S'y promener au printemps est un délice.

Une bien étrange construction du 17e

Jardin du Regard-de-la-Lanterne

Accès : rue Compans, rue Augustin-Thierry
Métro : Place des Fêtes
Bus : 48, 60
L'association Sources du Nord - Études et Préservation effectue des recherches historiques et techniques : 01 43 49 36 91, asnep@noos.fr

Impossible de passer devant ce petit jardin (994 m²), créé en 1975, sans être étonné, voire choqué, par la présence de cette rotonde assez élégante, qui semble oubliée là par l'histoire, au milieu d'un capharnaüm d'immeubles plus vraiment modernes.
Il s'agit du regard de la Lanterne qui se trouvait au début d'un aqueduc construit au XIIIe ou XIVe siècle pour acheminer l'eau des pentes de Belleville.
Il reste le plus important vestige du système hydraulique alimentant les premières fontaines parisiennes jusqu'au XIXe siècle.
Sous le bâtiment actuel, construit entre 1583 et 1613, un bassin permettait de recueillir l'eau provenant du drainage des pentes argileuses.
On y accède (à l'occasion des journées du Patrimoine) par une porte qui s'ouvre sur un double escalier éclairé par un lanternon.

D'autres regards plus au sud rue des Cascades et dans les environs

- Regard Saint-Martin, 42, rue des Cascades, face à la rue de Savies
- Regard de la Roquette, 39-41, rue des Cascades
- Regard des Messiers, dans le jardin, 17-19, rue des Cascades
- Regard de Bérage, rue Alexander Flémy
- Regard de Maussin, porte des Lilas (hors fonctions car déplacé de 300 m).

Sur une terrasse-toit, pour se régaler de tartares, LA spécialité maison
La Lanterne
7-9, rue du Tunnel, 01 42 39 15 98 (30 €)
Ouvert du lundi au vendredi midi et soir le samedi de 19h30 à 23h.

Falaises d'Étretat dans les faubourgs

Parc des Buttes-Chaumont

Accès : rue Manin, rue Botzaris
Métro : Buttes-Chaumont, Botzaris
Bus : 48, 60

Ce parc de 24,7 ha, créé par Alphand, n'est qu'une suite d'escarpements, de chutes d'eau et de ponts suspendus sur le vide qui lui donnent un relief extraordinaire. Faux rochers, grotte avec stalactites artificielles ont nourri les rêves des surréalistes ; les falaises et le temple de la Sibylle (à 30 m au-dessus du lac), l'imagination des romantiques. Il a fallu apporter des tonnes de terre pour que cet endroit, autrefois sordide (carrières transformées en dépots d'immondices), devienne le « paradis légendaire » dont parle Aragon dans *Le Paysan de Paris* (1926).

A l'entrée du parc, sous les frondaisons d'un chalet Second Empire
Da Vincenzo Cozzoli
Pavillon Puebla, face au 43, avenue Simon Bolivar,
01 42 02 22 45 (35-50 €)
Ouvert du lundi au samedi, de 20 h à minuit et l'été de 12 h à 15 h

Dans le parc, on y guinche à partir de 22 h, avant ce sont tapas et patatas
Rosa Bonheur
2, allée de la Cascade
01 42 00 00 45 (15 €)
info@rosabonheur.fr
Ouvert du mercredi au dimanche midi et soir

En mémoire du passé viticole

Vigne du talus Lardennois-Chaufournier

Accès : rue Georges Lardennois
Métro : Bolivar, Colonel Fabien
Bus : 26, 75

Pour atteindre l'un des points de vue les plus pittoresques sur Paris, on accède au sommet de cette colline par une rue en lacets ou par un dédale d'escaliers coupant les virages. Ici les maisons s'agrippent aux pentes et la nature paraît en liberté. Oiseaux, lierre, arbres débordant des jardinets donnent à ce coin de Belleville un air campagnard. Soudain, la vue se dégage sur Paris avec, au loin, Montmartre et sa basilique. On surplombe un raidillon planté de 200 pieds de vigne en 1995 (2 900 m^2) : du chardonnay, du sauvignon, qui, un jour, seront peut-être vinifiés. Le chasselas est réservé à la table. Malheureusement on ne peut ni entrer dans cet enclos ni emprunter le sentier qui dégringole jusqu'en bas : ce lieu est réservé aux enfants des écoles du quartier pour lesquels la culture de la vigne n'a certainement plus aucun secret.

Le pavillon de la belle au bois dormant ?

Jardin Debrousse
Accès : 148, rue de Bagnolet, rue des Balkans
Métro : Porte de Bagnolet
Bus : 76, 501

Il ne reste presque rien (à peine plus d'1 ha) des 56 ha du domaine de Bagnolet, ancienne propriété de Françoise-Marie de Bourbon, fille légitimée de Louis XIV.
Le château fut démoli en 1770, à l'exception d'un élégant pavillon, construit en 1734, dont la présence est tout à fait incongrue dans cet environnement presque étriqué à proximité de l'hospice Debrousse.
La végétation aurait beaucoup de mal à nous rappeler le faste de l'ancien parc, s'il n'y subsistait quelques buis taillés, d'immenses cèdres et un marronnier rouge. Un lieu, créé en 1982, à découvrir de préférence en juin et juillet lorsque les plates-bandes sont admirablement fleuries et que l'évodia (*Evodia hupehensis*) explose de fleurs blanches.

Le pêcher mignon du curé

Jardin du presbytère de Saint-Germain-de-Charonne
Accès : 4, place Saint-Blaise
Métro : Porte de Bagnolet
Bus : 26, 76, 501

Dans ce jardin privé où légumes, fleurs, arbres fruitiers semblent être parfaitement à l'aise de part et d'autre du raidillon qui grimpe vers le mur du cimetière. Émilia Marquez, qui en a la charge, est très fière de nous faire découvrir ses plantes aromatiques (laurier, sauge, persil, cerfeuil), quelques pieds de vigne, le petit pêcher et le merveilleux figuier si odorant lorsque le mur réfléchit la chaleur du soleil.
Ici, pas d'engrais, le sol est riche ! Émilia évoque avec nostalgie le temps où elle récoltait jusqu'à 24 kg de haricots et des monceaux de tomates. À présent, l'âge est là, le temps manque. Mais certains soirs d'été, comme auparavant, de grandes planches sont installées sur des tréteaux dans la partie basse du jardin et tout le quartier, riches comme pauvres, est invité à venir partager un repas à la bonne franquette. Bien entendu, Émilia offre alors les produits du jardin.

À voir juste à côté

Le cimetière de l'église

Avec Saint-Pierre-de-Montmartre, Saint-Germain-de-Charonne est l'une des dernières églises parisiennes encore entourées d'un cimetière. Se trouvent là les sépultures de Josette Clotis, une des épouses d'André Malraux, et de leurs deux fils décédés le même jour dans un accident de voiture. Non loin, on découvre les tombes de Bègue Magloire, énigmatique secrétaire de Robespierre, et celle de l'écrivain Robert Brasillach, fusillé en 1945.

Le square le plus charmant

Square des Grès
Accès : place des Grès, rue Vitruve
Métro : Porte de Bagnolet
Bus : 76, 501, PC2

Voici un square de 5 400 m², crée en 1988. Pour y accéder, des rues pavées ; autour, des maisons basses avec jardinets ; au centre, un petit bassin, des pergolas sous lesquelles il fait bon s'asseoir. Un chat qui passe, les cris des enfants, les altercations des joueurs de pétanque : tout donne l'impression d'être sur une place de village au fin fond d'une de nos régions.
La végétation est légère, odorante : tulipiers de Virginie, rosiers, clématites ou chèvrefeuilles, sans oublier les cerisiers maackis (*Prunus maackii*), ces arbres découverts en Mandchourie dont les écorces sont étrangement jaune orangé brillant. Pour rester dans cette atmosphère délicieusement dépaysante, surtout, ne vous retournez pas, vous risqueriez fort, non pas d'être transformé en statue de sel comme la femme de Loth, mais d'être très déçu : de hauts immeubles s'imposent dans leur blancheur altière et triste.

La plus longue fontaine de Paris

Parc de Belleville

Accès : rue des Couronnes, rue Piat, rue Julien-Lacroix, rue Jouye-Rouve
Métro : Couronnes, Pyrénées, Belleville
Bus : 26, 96

Ce vaste parc (45 000 m^2), créé en 1988 par Debulois et Brichet, est remarquable à maints égards : la raideur de sa pente, le tracé des allées dessinant les courbes de niveau, le mobilier spécialement conçu pour ce lieu, la maison de l'Air, témoin de l'activité des anciens moulins de la colline, l'une des plus hautes de Paris.
Et au sommet une vue époustouflante sur le centre de Paris.

Témoins du passé : les pavés dans les allées qui correspondent à d'anciennes rues, la somptueuse grille de la villa Ottoz ou les vestiges du fronton d'une ancienne crèche, la Goutte de Lait.
Ne vous y trompez pas, ici on ne buvait pas seulement du lait. Belleville était réputé pour ses guinguettes et ses cabarets dont le fameux Tambour Royal créé par un Morvandiau, Jean Ramponeaux.
Les soldats, les gens de théâtre et même quelques délurés de la bonne société venaient s'y encanailler. La vigne au sommet du parc, orientée au sud, avec ses 200 ceps de pinot, meunier et chardonnay, fait figure de dame proprette et sage. Elle est vendangée chaque automne par les jardiniers et les gens du quartier. Si le vin ne coule plus à flots, en revanche l'eau cascade du sommet du parc jusqu'au bas, dans la plus longue fontaine de Paris (environ 100 m). Elle accentue l'effet de verticalité du terrain et saute de rigole en bassin dans un bruit sourd et joyeux qui fait penser aux chutes que l'on rencontre parfois en montagne.

Plus vrai que nature

Jardin Naturel

Accès : 120, rue de la Réunion, rue de Lesseps
Métro : Alexandre Dumas
Bus : 26, 76

Ici, on se veut accueillant pour les grenouilles, tritons et libellules dont les espèces sont protégées par une loi depuis 1976, comme le sont toutes les plantes ou pollens apportés par les vents. L'intervention de l'homme se limite à tailler les branches ou à faucher l'herbe une à deux fois par an; les feuilles mortes ne sont pas ramassées : elles se recyclent. Le seul arrosage vient de la pluie. Cet « anti-jardin », créé par Bochet sur une friche de 300 m², a reçu le label de l'année européenne de protection de la nature dès son ouverture en 1995. Planté de végétaux qui auraient pu pousser naturellement, il s'inscrit, on l'aura compris, dans un contexte de développement durable où les espèces sont entretenues dans le respect des cycles naturels. Selon l'un des gardiens, « il s'y passe toujours quelque chose : en mai, ce sont les amours des crapauds ; en juin, les merisiers en fleurs ; en juillet, les mûres et les noisetiers ; en septembre, les vendanges de la vigne qui pousse contre le mur du cimetière du Père Lachaise ». Nous n'avons donc que l'embarras du choix.

Index
des restaurants cités

Index des restaurants par arrondissements

1er arrondissement

Café Le Very 15
Jardin des Tuileries, 01 47 03 94 84

Le Renard 15
Jardin des Tuileries, 01 42 96 50 56

Le Saut du Loup 15
107, rue de Rivoli, 01 42 25 49 55

Hôtel Westin, *La Terrasse Fleurie* 15
3, rue de Castiglione, 01 44 77 11 11

© The Westin Paris

Muscade 17
67, galerie Montpensier, 01 42 97 51 36

Palais Royal 17
110, galerie de Valois, 01 40 20 00 27

3e arrondissement

L'estaminet d'Arôme et Cépages 19
Marché des Enfants Rouges
39, rue de Bretagne, 01 42 72 28 12

Le 404 19
69, rue des Gravilliers, 01 42 74 57 81

4e arrondissement

Café du Centre culturel suédois .... 23 et 27
11 rue Payenne, 01 44 78 80 11

L'Ébouillanté 29
6, rue des Barres, 01 42 71 09 69

Au bistro de la place 32
Place du marché Sainte-Catherine, 01 42 78 21 32

Soprano 32
Place du marché Sainte-Catherine, 01 42 72 37 21

Le Marché 32
Place du marché Sainte-Catherine, 01 42 77 34 88

Arirang 32
Place du marché Sainte-Catherine, 01 42 77 16 26

5e arrondissement

Chantairelle 34
17, rue Laplace, 01 46 33 18 59

Ô fil de l'ô 36
Port Montebello (face au 55, quai de La Tournelle),
01 43 54 19 51

La Baleine 39
47, rue Cuvier, 01 40 79 80 72

La Baleine © H. Hatte

Le kiosque de la Ménagerie
du jardin des Plantes 39
57, rue Cuvier, 01 40 79 37 94

Le kiosque de la Ménagerie © H. Hatte

Salon de thé de la Grande Mosquée de Paris 42
39, rue Geoffroy-Saint-Hilaire, 01 43 31 38 20

6e arrondissement

La petite cour 46
8, rue Mabillon, 01 43 26 52 26

La buvette des Marionnettes 51
26, rue Vaugirard, 01 43 26 33 04.

Bonpoint 55
6, rue de Tournon, 01 56 24 05 79

L'Heure Gourmande 56
22, passage Dauphine, 01 46 34 00 40

L'Heure Gourmande © J.-S. Bonneton

7e arrondissement

Café des Lettres 56
52, rue de Verneuil, 01 42 22 52 17

Café Branly 63
Jardins du musée du quai Branly, 01 47 53 68 01

Les Ombres 63
Musée du quai Branly, 01 47 53 68 00

Chez Françoise 66
Aérogare des Invalides 01 47 05 49 03

La Cigale Récamier 67
4, rue Récamier 75007, 01 45 48 86 58

Maison de l'Amérique Latine 70
217, boulevard Saint-Germain, 01 49 54 75 10

Le Jardin de Varenne 73
Cafétéria du musée Rodin
77, rue de Varenne, 01 45 50 42 34

8e arrondissement

Les Salons du Parc Monceau 75
8, rue Alfred de Vigny, 01 46 22 25 39

Hôtel Pershing Hall 79
49, rue Pierre Charron, 01 58 36 58 00

Jardin des Cygnes 79
Hôtel Prince de Galles
33, avenue Georges V, 01 53 23 77 77

© Hôtel Prince de Galles

Le Jardin du Petit Palais 80
Avenue Winston Churchill, 01 40 07 11 41

Jardin du Petit Palais © L'AFFICHE D. Milherou

Pavillon Ledoyen 80
Carré des Champs-Élysées
1, avenue Dutuit, 01 53 05 10 01

Laurent 83
41, avenue Gabriel, 01 42 25 00 39

Pavillon Élysée Lenôtre 83
10, avenue des Champs Elysées, 01 42 65 85 10

Flora Danica - La Maison du Danemark 84
142, avenue des Champs-Élysées, 01 44 13 86 26

Le Café Jacquemart-André 84
Musée Jacquemart-André,
158, boulevard Haussmann, 01 45 62 11 59

Le Marcande 85
52, rue de Miromesnil, 01 42 65 19 14

Restaurant de l'hôtel Bristol 85
112, rue du Faubourg Saint-Honoré, 01 53 43 43 40

9e arrondissement

Le Déli-Cieux 89
Printemps Haussmann, 01 42 82 58 84

© Groupe Bertand

Restaurant de l'hôtel Amour 91
8, rue Navarin, 08 26 10 05 79

Un thé dans le jardin 93
16, rue Chaptal, 01 55 31 95 67

11e arrondissement

Mélac 100
42, rue Léon Frot, 01 43 70 59 27

12e arrondissement

Le Grand Bleu 105
Quai de l'Arsenal, 01 43 45 19 99

Bercy Village 113
Cour Saint-Émilion

© Bercy Village, A. de Roux

Le Bouchon de Bercy 113
77, rue de Bercy, 01 53 46 50 50

Le 51 113
51, rue de Bercy, 01 58 51 10 91

Le Café Barge 115
5, port de la Râpée, 01 40 02 09 09

Les Magnolias 117
Bois de Vincennes, 01 48 72 47 43

Le Chalet des îles Daumesnil 119
Lac Daumesnil, bois de Vincennes, 01 43 07 00 10

© Le Chalet des îles Daumesnil

La Cipale 119
51, avenue de Gravelle, 01 43 75 54 53

14e arrondissement

Pavillon Montsouris 131
20, rue Gazan, 01 43 13 29 00

Apollo 131
3, place Denfert-Rochereau, 01 45 38 76 77

© Apollo

La Closerie des Lilas 133
171, boulevard du Montparnasse, 01 40 51 34 50

L'Entrepôt.. 134
7-9 rue Francis de Pressensé, 01 45 40 07 50

Justine 137
Niveau A du Méridien Montparnasse
19, rue du Commandant Mouchotte, 01 44 36 44 00

15e arrondissement

Le Quinzième 148
14, rue Cauchy, 01 45 54 43 43

Harmonies, mets et vins 150
Hôtel Mercure,
23, rue de la Fédération , 01 45 78 55 41

16e arrondissement

Le Roland Garros.................................... 154
2 bis, avenue Gordon-Bennett, 01 47 43 49 56

Le Jean Bouin.. 154
26, avenue du Général Sarrail, 01 40 71 61 00

Les Jardins de Bagatelle 157
allée de Longchamp et route de Sèvres à Neuilly
01 40 67 98 29

Le Chalet des îles.................................... 159
Lac du bois de Boulogne, 01 42 88 04 69

© Le Chalet des îles

La Gare.. 161
19, Chaussée de la Muette, 01 42 15 31

© La Gare

Tsé 161
78, rue d'Auteuil, 01 40 71 11 90

© Tsé

Café de l'Homme...................................... 163
Musée de l'Homme
17, place du Trocadéro, 01 44 05 30 15

Café Carlu.. 163
Cité de l'Architecture et du Patrimoine
1, place du Trocadéro, 01 53 70 96 65

Les Arts 164
9 bis, avenue d'Iéna, 01 40 69 27 53

Jardins Plein Ciel......................................164
Hôtel Raphael, 17, avenue Kleber, 01 53 64 32 35

© Hôtel Raphael

Tokyo Self et Tokyo Eat 169
13, avenue du Président Wilson, 01 47 20 00 29

Café terrasse du musée d'Art Moderne.....169
11, avenue du Président Wilson, 01 53 67 40 47

K'fé court...171
85, boulevard Flandrin , 01 44 05 11 70

Le Pavillon des Oiseaux 173
Jardin d'Acclimatation, 01 45 02 11 61

© Jardin d'Acclimatation, Pavillon des Oiseaux

La Ferme du Golf.......................................173
Jardin d'Acclimatation, 01 40 67 15 17

La Terrasse du Jardin 173
Jardin d'Acclimatation, 01 45 00 14 18

Le Chalet gourmand 173
Jardin d'Acclimatation

Bar Côté Jardin...173
Jardin d'Acclimatation

Café du village..173
Jardin d'Acclimatation

Le Galion 173
10, allée du Bord de l'Eau, 01 44 14 20 00

Le Pré Catelan 175
Route de Suresnes, Bois de Boulogne , 01 44 14 41 14

Relais du bois de Boulogne.......................175
Route de Suresnes
Carrefour de la Croix-Catelan, 01 42 15 00 11

Pavillon de la Grande Cascade................176
Allée de Longchamp, Bois de Boulogne, 01 45 27 33 51

©Pavillon de la Grande Cascade

17e arrondissement

Le Jardin d'Isa 177
75, place du Dr Félix Lobligeois , 01 46 27 33 37

Les jardins d'Ampère..................................179
102, avenue de Villiers, 01 44 29 16 54

Bistrot des Dames 182
18, rue des Dames, 01 45 22 13 42

18e arrondissement

Le Vieux Chalet 183
14 bis rue Norvins, 01 46 06 21 44

A. Beauvilliers 183
52, rue Lamarck, 01 42 55 05 42

Le Diapason 185
Terrass hôtel, 12, rue Joseph-de-Maistre , 01 46 06 72 85

© Le Diapason

L'Eté en pente douce 187
23, rue Müller, 01 42 64 02 67

19e arrondissement

La Guinguette à Vapeur 197
Parc de la Villette, Rond-point des Canaux,
canal de l'Ourcq, 01 40 03 72 21

Café de la Musique 197
213, av. Jean Jaurès, place de la Fontaine aux Lions
01 48 03 15 91

La Lanterne 199
7-9, rue du Tunnel, 01 42 39 15 98

Da Vincenzo Cozzoli 200
Parc des Buttes-Chaumont, Pavillon Puebla
01 42 02 22 45

Rosa Bonheur 200
Parc des Buttes-Chaumont, 2, allée de la Cascade
01 42 00 00 45

Index des restaurants par ordre alphabétique

A. Beauvilliers, 183
Apollo, 131
Arirang, 32
Au bistro de la place, 32

Bar Côté Jardin, 173
Bercy Village, 113
Bistrot des Dames, 182
Bonpoint, 55

Café Branly, 63

Café Branly © A. Bonneton

Café Carlu, 163

© L'AFFICHE, Café Carlu

Café de l'Homme, 163
Café de la Musique, 197
Café des Lettres, 56
Café du Centre culturel suédois, 27
Café du village, 173
Café Reale, 15
Café Renard, 15
Café terrasse du musée
d'Art Moderne, 169
Chantairelle, 34
Chez Françoise, 66

Da Vincenzo Cozzoli, 200

Flora Danica
La Maison du Danemark, 84

Harmonies, mets et vins, 150
Hôtel Pershing Hall, 79
Hôtel Westin, La Terrasse Fleurie, 15

Jardin des Cygnes, 79
Jardins Plein Ciel, 164
Justine, 137

K'fé court, 171

L'Ébouillanté, 29
L'Entrepôt, 134
L'estaminet d'Arôme et Cépages, 19
L'Été en pente douce, 187

© L'Été en pente douce

L'Heure Gourmande, 56
La Baleine, 39
La buvette des Marionnettes, 51
La Cigale Récamier, 67
La Cipale, 119
La Closerie des Lilas, 133
La Ferme du Golf, 173
La Gare, 161
La Guinguette à Vapeur , 197
La Lanterne, 199
La Petite Cour, 46
La Terrasse du Jardin, 173
Laurent, 83
Le 404, 19
Le Bouchon de Bercy, 113
Le Café Barge, 115
Le Café Jacquemart-André, 84
Le Chalet des îles, 159
Le Chalet des îles Daumesnil, 119
Le Chalet gourmand, 173
Le Déli-Cieux, 89
Le Galion, 173
Le Grand Bleu, 105
Le Jardin d'Isa, 177
Le Jardin de Varenne, 73
Le Jardin du Petit Palais, 80
Le Jean Bouin, 154
Le kiosque de la Ménagerie du jardin des Plantes, 39
Le Marcande, 85
Le Marché, 32
Le Pavillon des Oiseaux , 173
Le Pré Catelan, 175
Le Quinzième, 148
Le Roland Garros, 154
Le Saut du Loup, 15
Le Vieux Chalet, 183
Les Arts, 164
Les jardins d'Ampère, 179
Les Jardins de Bagatelle, 157
Les Magnolias, 117
Les Ombres, 63
Les Salons du Parc Monceau, 75

Maison de l'Amérique Latine, 70
Mélac, 100
Muscade, 17

Ô fil de l'ô, 36

Palais Royal, 17
Pavillon de la Grande Cascade, 176
Pavillon Élysée Lenôtre, 83
Pavillon Ledoyen, 80
Pavillon Montsouris, 131

Relais du bois de Boulogne, 175
Restaurant de l'hôtel Amour, 91
Restaurant de l'hôtel Bristol, 85
Rosa Bonheur, 200

Rosa Bonheur © Zouzou Auzou

Salon de thé de la Grande Mosquée de Paris, 42
Soprano, 32

Terrass hôtel, 185
Tokyo Self et Tokyo Eat, 169
Tsé, 161

Un thé dans le jardin, 93

Index des jardins cités

Allée des Cygnes, 150

Cloître de l'ancienne abbaye de Port-Royal, 133
Clos des Blancs-Manteaux ou Princesse Diana, 32
Clos Montmartre, 189
Cour du Murier de l'École nationale des Beaux-Arts, 56
Cour Saint-Pierre, 182

Jardin Anne Franck, 22
Jardin Atlantique, 136
Jardin aux Habitants, 168
Jardin botanique de la faculté de Pharmacie, 53
Jardin Catherine-Labouré, 71
Jardin d'Acclimatation, 172
Jardin d'Agronomie tropicale, 120
Jardin Debrousse, 203
Jardin de l'École normale supérieure, 53
Jardin de l'église évangélique luthérienne (Saint-Jean), 62
Jardin de l'église Saint-Séraphin-de-Sarov, 142
Jardin de l'hôpital de la Salpétrière, 125
Jardin de l'hôtel Carnavalet, 29
Jardin de l'hôtel d'Aumont, 30
Jardin de l'hôtel de Marle, 27
Jardin de l'hôtel de Sens, 31
Jardin de l'hôtel Henault-de-Cantobre, 29
Jardin de l'hôtel Saint-Gilles-Grand-Veneur, 26
Jardin de l'hôtel Salomon de Rothschild, 84
Jardin de l'Unesco, 58
Jardin de la Fondation Cartier pour l'art contemporain, 131
Jardin de la Fondation nationale des Sciences Politiques, 56
Jardin de la mairie du 9e, 89
Jardin de la mairie du 16e, 165
Jardin de la Porte Maillot, 176
Jardin de la rue du Colonel Manhès, 161
Jardin de la Très Grande Bibliothèque F. Mitterrand, 127
Jardin de la ZAC Alésia-Montsouris, 130
Jardin de la Zac Didot, 135
Jardin des Deux Nerthes, 181
Jardin des hôtels d'Albret et de Coulanges, 27
Jardin des Plantes, 37
Jardin des Poètes, 154
Jardin des Tuileries, 14
Jardin du bassin de l'Arsenal, 104
Jardin du Centre bouddhique du bois de Vincennes, 118
Jardin du cinéma La Pagode, 73
Jardin du docteur Belhomme, 102
Jardin du Luxembourg, 49
Jardin du Moulin-des-Trois-Cornets, 134
Jardin du Moulin de la Pointe, 125
Jardin du musée de l'Assistance publique, 45
Jardin du musée de la Vie romantique, 93
Jardin du musée du Petit Palais, 80
Jardin du musée Rodin, 75
Jardin du musée Zadkine, 52
Jardin du Palais Royal, 16
Jardin du presbytère de l'église Saint-François-Xavier, 66
Jardin du presbytère de l'église Saint-Philippe-du-Roule, 87
Jardin du presbytère de Saint-Germain-de-Charonne, 205
Jardin du P'tit bol d'air, 193
Jardin du Ranelagh, 158
Jardin du Regard-de-la-Lanterne, 199
Jardin du Ruisseau, 161
Jardin Émile-Gallé, 100
Jardin japonais de l'annexe du musée national des Arts asiatiques, 164
Jardin japonais de l'Unesco, 58
Jardin Léon, 193

Jardin médiéval du musée de Cluny, 34
Jardin Naturel, 207
Jardin partagé de la rue des Oiseaux, 18
Jardin partagé Aligresse, 109
Jardin partagé du square Petit, 193
Jardin partagé Saint-Bernard, 103
Jardin privé des Missions étrangères, 70
Jardin sauvage Saint-Vincent, 183
Jardins d'Eole, 190
Jardins de l'avenue Foch, 170
Jardins de l'hôpital Saint-Louis, 97
Jardins de la mosquée de Paris, 41
Jardins des Champs-Élysées, 82
Jardins des Hauts-de-Malesherbes, 179
Jardins du musée du Quai Branly, 63
Jardins du Trocadéro, 162
Jardin sauvage du Palais de Tokyo, 169
Jardin Shakespeare, 174
Jardin Tino-Rossi, 44
Jardin tropical « Météor », 115
Jardin vertical du Pershing Hall Hôtel, 79

Mouzaïa (La), 198
Mur végétal du BHV Homme, 33
Mur végétalisé de la boutique Marithé et François Girbaud, 47
Mur végétalisé de la caserne de la Nouvelle France, 99

Parc André-Citroën et jardin de l'Ilot des Trois Marches, 145
Parc de Bagatelle, 155
Parc de Belleville, 207
Parc de Bercy, 110
Parc de la Villette, 196
Parc des Buttes-Chaumont, 200
Parc du Champ-de-Mars, 60
Parc floral de Paris, 116
Parc Georges-Brassens, 138
Parc Martin Luther King, 180
Parc Monceau, 74
Parc Montsouris, 128
Petite ceinture, 161
Potager Tanger-Maroc, 193
Promenade plantée, 106

Serre à Légumes, 193
Serres d'Auteuil, 151
Square Boucicaut, 68
Square d'Estienne-d'Orves, 88
Square de la Butte-du-Chapeau-Rouge, 198
Square des Arènes de Lutèce et square René-Capitan, 42
Square des Batignolles, 177
Square des Grès, 206
Square des Missions étrangères, 70
Square du Temple, 19
Square Ernest-Chausson, 182
Square Félix-Desruelles, 46
Square Georges-Caïn, 21
Square Jehan-Rictus, 185
Square Joan-Miro, 125
Square Juliette-Dodu, 98
Square Lamartine, 165
Square Laurent-Prache, 46
Square Louis XVI, 85
Square Marie Trintignant, 30
Square Montholon, 94
Square Pierre Lazareff, 19
Square Récamier, 67
Square René-Le Gall, 122
Square René-Viviani, 36
Square Saint-Éloi, 108
Square Villemin, 95
Square Willette, 187

Vigne de la caserne des pompiers de la rue Blanche, 91
Vigne du talus Lardennois-Chaufournier, 201

Jardins abritant un bâtiment insolite

Jardin Debrousse 203
Jardins des Champs-Élysées : ancien panorama de Davioud 82
Jardin des Plantes : gloriette de Buffon... 38
Jardin du Regard-de-la-Lanterne 199
Jardins des Hauts-de-Malesherbes : immeuble de Portzamparc 179
Rue de Charonne : pavillon Belhomme... 102

Jardin alpin

Jardin des Plantes 37

Jardins au bord de l'eau

Allée des Cygnes 150
Jardin du bassin de l'Arsenal 104
Jardin Tino-Rossi 44
Parc de la Villette 196

Jardins avec ménagerie, volière ou aquarium

Jardin d'Acclimatation 172
Jardin des Plantes 37
Jardins du Trocadéro 162

Jardins avec fausses ruines, vrais vestiges, fabriques et autres folies

Jardins du Trocadéro 162
Parc de Bagatelle 155
Parc de Belleville 207
Parc de Bercy 110
Parc de la Villette 196
Parc Monceau 74
Square des Arènes de Lutèce 42
Square Félix-Desruelles 46
Square Laurent-Prache 46
Square Villemin 95

Jardins abritant une œuvre insolite

Jardin des Plantes : *Fontaine aux lions* de H. Jacquemont 39
Jardin des Tuileries : *L'Arbre aux voyelles* de G. Penone 14
Jardin du Luxembourg : *Le Triomphe de Silène* de Dalou 51
Jardin des Missions étrangères : *À l'ombre des peupliers* 70
Parc de Bercy : *Canyoneaustrate* de Gérard Singer 112
Parc de Bercy : *Enfants du monde* de Rachid Kimoun .. 112
Parc de la Villette : *La Bicyclette* de C. Oldenbourg 196
Parc du Champ-de-Mars : *Mur de la Paix* de C. Halter et J.-M.Wilmotte 60
Square de la Butte-du-Chapeau-Rouge : *Ève* de R. Couvègne 198
Square des Batignolles : *Les vautours* de L. Morand 177
Square Jehan-Rictus : *Mur des « je t'aime »* de F. Baron 185
Square Montholon : *Les Catherinettes* d'A. Lorieux 94
Square Saint-Éloi : *La Baleine bleue* de Le Corre 108

Jardins avec vue

Jardins du Trocadéro 162
Parc de Belleville 207
Parc de Bercy 110
Square de la Butte-du-Chapeau-Rouge 198

Jardins « balnéaires »

Jardin Atlantique 136
Square Joan-Miro 125
Parc de la Villette : jardin des Dunes ... 196

Jardins botaniques

Jardin de la faculté de Pharmacie 53
Jardin des Plantes 37
Jardin des Serres d'Auteuil 151
Jardin du musée de l'Assistance publique. 45
Square Boucicaut 68

Jardins d'hôpitaux

Cloître de l'ancienne abbaye de Port-Royal, hôpital Cochin 133
Jardin de l'hôpital de la Salpétrière 126
Jardins de l'hôpital Saint-Louis 97

Jardins d'inspiration médiévale

Clos des Blancs-Manteaux 32
Jardin du musée de l'Assistance publique des hôpitaux de Paris 15
Jardin du musée de Cluny 34

Jardins de grandes écoles ou universités

Cour du Murier de l'École nationale des Beaux-Arts 56
Jardin botanique de la faculté de Pharmacie 53
Jardin de l'École normale supérieure 53
Jardin de la fondation nationale des Sciences Politiques 56

Jardins de mairies et de casernes

Jardin de la mairie du 16e 165
Jardin de la mairie du 9e 895
Mur végétalisé de la caserne de la Nouvelle France 99
Vigne de la caserne des pompiers de la rue Blanche 91

Jardins de musées

Musée de l'Assistance publique 45
Musée de la Vie romantique 93
Musée du Petit Palais 80
Musée Zadkine 52
Musée de Cluny 36
Musée du Quai Branly 63
Musée Rodin 75
Parc de la Villette, cité de la musique ... 196

Jardins en vitrine

Jardin de l'hôpital de la Salpétrière 126
Jardin de la Très Grande Bibliothèque F.Mitterrand 127
Jardin tropical « Météor » 115

Jardins naturels

Jardin Naturel 210
Jardin sauvage Saint-Vincent 183

Jardins orientaux

Jardin d'Acclimatation, jardin coréen 172
Jardin d'Agronomie tropicale 120
Jardin du Centre bouddhique du bois de Vincennes 118
Jardin du cinéma La Pagode 73
Jardin japonais de l'annexe du musée national des Arts asiatiques 164
Jardin japonais de l'Unesco 58
Jardin japonais du Parc floral de Paris 116
Jardin niwa de l'hôtel Henault-de-Cantobre 29
Jardins de la mosquée de Paris 41

Jardins où l'on peut, à la belle saison, danser, écouter un concert, voir un film ou une pièce de théâtre...

Serres d'Auteuil 151
Jardin Tino-Rossi 44
Jardin Shakespeare 174
Orangerie du parc de Bagatelle 155
Parc de la Villette 196
Parc floral de Paris 116

Jardins où l'on peut acheter des livres anciens ou des timbres

Jardins des Champs-Élysées 82
Parc Georges-Brassens 138

Jardins où l'on peut se promener à dos d'âne, voir un spectacle de marionnettes

Jardin d'Acclimatation 172
Jardin du Luxembourg 49
Jardin du Ranelagh 158
Jardin des Tuileries 14
Parc Georges-Brassens 138
Jardins des Champs-Élysées 83
Parc du Champ-de-Mars 60

Jardins où les handicapés sont bien accueillis

Jardin du Moulin-des-Trois-Cornets 134
Parc Georges-Brassens, jardin des Senteurs 141

Jardins où passe le méridien de Paris

Jardin de la ZAC Alésia-Montsouris 130
Jardin du Palais Royal 61
Parc Montsouris 128

Jardins où sont signalés des arbres remarquables

Jardins de l'avenue Foch 170
Parc du Champ-de-Mars 60
Jardin du Luxembourg 49
Jardin des Plantes 37
Jardins du Trocadéro 162

Square René-Viviani 36
Square Willette 187

Jardins partagés
Jardin Anne Franck 22
Jardin aux Habitants 168
Jardin du P'tit Bol d'air..........................193
Jardin Léon...193
Jardin partagé Aligresse 109
Jardin partagé Saint-Bernard................103
Potager des Oiseaux................................18
Potager Tanger-Maroc...........................193
Serre à Légumes 193
Square Villemin 95

Jardins près d'une église ou dans le cloître d'un ancien couvent
Cloître de l'ancienne abbaye de Port-Royal..133
Cour du Murier de l'École nationale des Beaux-Arts 56
Jardin du presbytère de l'église Saint-François-Xavier 66
Jardin du presbytère de l'église Saint-Philippe-du-Roule........................ 87
Jardin du presbytère de Saint-Germain-de-Charonne 205
Jardin de l'église luthérienne...................62
Jardin de Saint-Séraphin-de-Sarov...........142

Jardins qui remplacent un abattoir
Parc de la Villette 196
Parc Georges-Brassens 138

Jardins verticaux
Avenue Myron-Herrick 87
Jardin de la Fondation Cartier 131
Jardin vertical du Pershing Hall Hôtel 79
Jardins du musée du Quai Branly........... 63
Mur de la boutique Marithé et François Girbaud 47
Mur végétalisé de la caserne de la Nouvelle France 99

Orangeries
Jardin des Tuileries 14
Jardin du Luxembourg............................49
Parc André-Citroën 144
Parc de Bagatelle 155
Parc de Bercy 110
Square Georges-Caïn..............................21

Potagers
Clos des Blancs Manteaux 32
Jardin Catherine Labouré.........................71
Jardin de l'hôtel d'Aumont 30
Jardin de la mairie du 9e..........................89
Jardins partagés (voir cette rubrique)
Parc de Bercy 110

Roseraies
Jardin de l'hôtel Saint-Gilles-Grand-Veneur.. 26
Parc de Bagatelle 155
Parc de Bercy 110
Parc Montsouris 128

Ruchers
Parc de la Villette 196
Parc Georges-Brassens 138
Jardin du Luxembourg............................49

Serres tropicales
Jardin des Plantes 38
Serres d'Auteuil...................................... 151
Jardin tropical « Météor » 115
Parc André-Citroën 144

Vergers
Jardin Catherine-Labouré 71
Parc de Bercy 110
Verger du jardin du Luxembourg 49

Vignes
Clos Montmartre 189
Jardin de la mairie du 16e 165
Parc de Belleville 207
Parc de Bercy 110
Parc de la Villette, jardin de la Treille 196
Parc Georges-Brassens 138
Restaurant Mélac...................................100
Square Félix-Desruelles 46
Vigne de la caserne des pompiers de la rue Blanche 91
Vigne du talus Lardennois-Chaufournier .. 201

Dans la même collection

Banlieues plein les yeux
Montmartre et environs, 100 lieux mythiques, insolites, pratiques...
Paris, 150 bars-concerts, bons plans musique live
Paris, 300 lieux pour les curieux
Paris, 24 balades à thèmes
Paris à l'heure du thé
Paris cosy
Paris cours et ruelles de charme
Paris de pont en pont, le long de la Seine et du canal Saint-Martin
Paris décors Art nouveau, Art déco...
Paris des films cultes, les films qui y sont tournés, les acteurs qui en foulent les pavés...
Paris en 101 places
Paris en douceurs, les meilleurs pâtissiers, chocolatiers, glaciers...
Paris en rollers
Paris fais-nous peur, 100 lieux du crime, de l'étrange et de l'irrationnel
Paris nuits blanches
Paris par-dessus les toits, les meilleurs lieux pour voir Paris d'en haut
Paris pique-nique, les meilleurs lieux et plus encore
Paris pour les amoureux / Paris for lovers
Paris sacré, 100 lieux à découvrir
Paris shopping insolite
Paris vu du bus
Paris week-ends à thèmes, ethnique, insolite, fashion, culture, nature... Paris XVe
Promenades dans Belleville et Ménilmontant
Promenades dans l'île Saint-Louis et l'île de la Cité
Promenades dans le quartier des Gobelins et la Butte-aux-Cailles
Promenades dans le XIIe, Aligre, Picpus, Bercy, Nation...
Stations de métro

Conception graphique : Isabelle de Lesseps
www.zigroon.com
Mise à jour : Lucile Redon

Dépôt légal : mars 2011
Achevé d'imprimer sur les presses de Loire Offset Titoulet